놓치고 싶지 않은
다정한 일상

놓치고 싶지 않은 다정한 일상

초판 1쇄 발행 2023년 3월 23일

지은이 최준배
펴낸이 장길수
펴낸곳 지식과감성#
출판등록 제2012-000081호

교정 한장희
디자인 정윤솔
편집 정윤솔
검수 김서아, 이현
마케팅 정연우

주소 서울시 금천구 벚꽃로298 대륭포스트타워6차 1212호
전화 070-4651-3730~4
팩스 070-4325-7006
이메일 ksbookup@naver.com
홈페이지 www.knsbookup.com

ISBN 979-11-392-0997-6(03810)
값 16,000원

• 이 책의 판권은 지은이에게 있습니다.
• 이 책 내용의 전부 또는 일부를 재사용하려면 반드시 지은이의 서면 동의를 받아야 합니다.
• 잘못된 책은 구입하신 곳에서 바꾸어 드립니다.

지식과감성#
홈페이지 바로가기

놓치고 싶지 않은
다정한 일상

최준배 지음

"책을 읽고 산책하는 다정한 일상은
잠자고 있던 감성과 영성을 깨웠습니다.
당연하다고 생각했던 것에 균열이 생기고
그 틈새에서 설렘을 맛보았습니다."

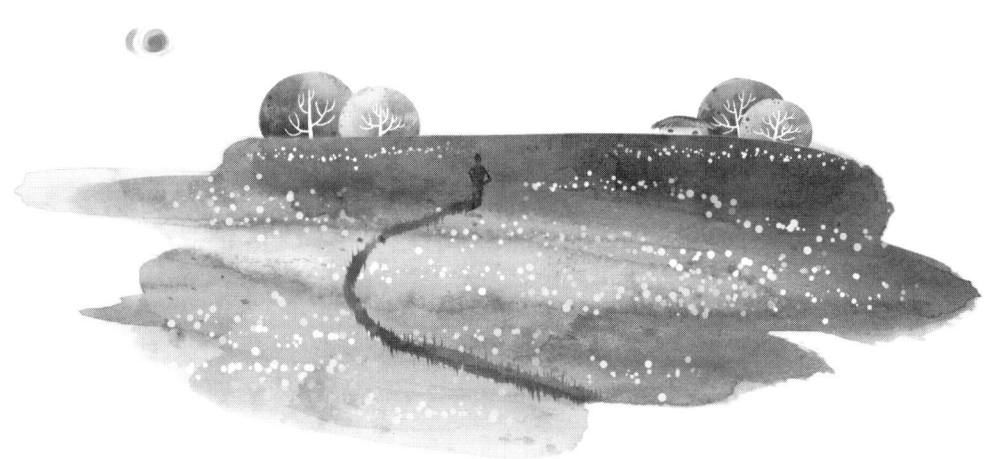

프롤로그

　지난번 썼던 글들을 틈틈이 다시 읽어봅니다.
　그때마다 미처 생각지도 못했던 새로운 것들이 떠오르기도 하고, 처음 글을 쓸 때와는 다른 생각을 하기도 합니다. 이런 경험을 하다 보니 글에 대한 관점도 새롭게 변하게 됩니다.

　삶은 나를 둘러싼 주위의 환경과 함께 끊임없이 변하고 있습니다. 삶이 변화하니 세상을 보는 나의 눈도 바뀝니다. 따라서 나의 글도 나와 함께 변신을 거듭하지요. 역사가 도전과 응전의 과정에서 발전하듯이 삶과 글 역시 주어진 것에 안주하지 않고 끊임없는 부정과 변화의 과정을 통하여 배우며 성장하는 것인 줄도 모릅니다.
　이런 엉뚱한 상상을 해봅니다.

　　　산책하다가 머릿속에 한 가닥의 생각이 떠오른다. 이 생각은 성숙하여 때가 되면 문자를 매개로 한 권의 책으로 탄생하여 여러 독자들과 만나게 된다. 어떤 친구(글)는 독자로부터 공감받고 사랑받아 독자의 가슴에 안기기도 하고, 또 어떤 친구는 독자의 입이나 글을 통해 또 다른 이에게 영감의 씨앗을 제공하기도 한다. 운이 좋으면 독자의 상상력을 더해 음악이나 그림, 드라마 등 또 다른 모습으로 변신하여 재탄생하게 될 것이다.

　이렇게 하나의 생각은 글로 탄생하여 여러 독자를 만나면서 다양한 모습으로 변형되거나 재탄생하면서 진화해 간다. 그렇다면 이 친구들 역시 우리 인간과 같이 생존하고 번식하는, 각자의 고유한 생명력을 지닌, 살아있는 유기체로 볼 수 있지 않을까?

　책을 읽고 산책하는 다정한 일상은 잠자고 있던 감성과 영성을 깨웠습니다. 당연하다고 생각했던 것에 균열이 생기고 그 틈새에서 설렘을 맛보았습니다. 나에게 글을 쓴다는 행위는 나를 일깨워 새로운 눈을 뜨게 하는 과정입니다. 때때로 대상을 있는 그대로 보지 못하고 타성에 이끌려 반사적으로 생각하고 행동하는 나를 보며 연민의 눈길을 보내고, "우리는 아무것도 보지 못하므로 눈에 보이는 것을 그리지 말고 보이지 않는 것을 그려야 한다"라는 클로드 모네의 말을 상기하며 부단히 나를 부추기게 됩니다. 만만찮은 이 투쟁은 나의 삶을 늘 깨어있게 해주며 든든하게 지탱해 주는 버팀목이 됩니다.

　책 속의 한 편 한 편의 글은 이 과정을 기록한 결과물이니 나의 영혼의 숨결이 담겨있고 감성의 손길이 스친 아이들입니다. 이 아이들과 함께 나는 전보다 더 자주 행복했습니다. 이 이야기를 독자와 같이 나누고 싶었습니다. 이 아이들은 나만의 독백을 넘어 글을 읽는 이와 함께 고뇌하고 이해하고 공감하면서 더욱 성숙해질 겁니다. 마치 내가 에크하르트 톨레의 글을 읽기 전과 후가 달라진 것처럼.

  나의 이 작은 소리가 독자와 공감하고 더 나아가 사회를 조금이라도 밝혀준다면 이보다 더 의미 있는 일이 있을까요? 제목에 '다정한'이라는 형용사를 붙인 것은 올가 토카르추크의 표현대로 '내가 아닌 존재에 대한 무한한 연대와 공감의 정서'를 느끼고 싶은 바람 때문이었습니다.

  책이 완성되기에는 가을 단풍과 함께 한 철을 지나 겨울 장군과 작별할 때까지의 세월이 흘렀습니다. 곁에서 마음으로 응원을 아끼지 않았던 사랑하는 아내와 두 아들, 며느리 그리고 나의 글을 공감하고 사랑해 주신 분들께도 고마움을 전하고 싶습니다. 더불어 사랑스러운 손녀 예린이는 글을 쓰는 내내 큰 힘이 되었음을 빼놓을 수 없네요.

  글로써 나를 돌보고 독자와 함께 더욱 다정한 세상을 만들어간다는 일말의 바람을 꿈꾸는 것으로 책의 머리말을 갈음할까 합니다.

2023년 봄이 오는 길목에서
최 준 배

목차

프롤로그   4

다정한 일상

엄마가 된다는 것은	13
문화재 발굴 현장을 보며	17
사람을 믿는다는 것	23
내가 할 수 있는 작은 일	28
소박한 헌신	32
또 하나의 감동	38
몸은 거짓말을 하지 않는다	42
진짜 부자란	47
생활 수칙을 정하다	52
행복을 선택하다	55
다정한 캡틴	59
첫걸음마의 기적	63
나는 우리 집 대통령	68
다정한 일상	71
일상이 행복이었네	78

성찰의 시간

나에 대한 사랑	83
친구를 둘러보다	88
연민을 생각하다	93
난 운이 좋은 사람	98
지난날의 회상	102
이 몸이 죽어가서 무엇이 될꼬 하니	106
설거지가 필요 없는 삶	109
사소한 것에 목숨 걸지 말자	113
태아 체험 명상	117
나의 글쓰기를 돌아보다	121
이런 사랑을	126
'미래의 나'를 만나다	128

향기로운 삶

삶은 한 편의 변주곡이다	135
독서는 취미가 아니다	139
떨어져서 지켜보기	144
자족하는 마음	148
안경 너머 슈베르트를 보다	152
《슈베르트 평전》을 읽고	157
나이가 든다는 것은	162
한 회사의 복지제도를 들여다보며	168
생각하며 사는 삶	172
현대판 피타고라스를 보다	177
향기로운 삶이란	181
나만의 길	186
과학기술에서 희망을 보다	189

자유로운 영혼

디지털 디톡스	197
나무에게 시련을 배우다	202
그루미 선데이	206
진정성이란	211
오직 한 번의 경험	216
장애인은 천사다	219
우리는 하나	223
우주와 놀다	225
벌레를 사랑하는 마음	229
또 하나의 죽음	234
글을 마치며	238

다정한 일상

엄마가 된다는 것은

아들 내외가 8개월 된 손녀를 데리고 우리 집에 왔다.

코로나로 모처럼 만에 보는 얼굴이라 반갑게 맞이하여 못다 한 얘기꽃을 피웠다. 그리고 손녀 예린이를 안고 눈을 마주치며 말을 건네고, 웃음을 터트리며 한참 재미있게 놀았다. 아이는 낯선 환경과 오랜만에 보는 사람들 사이에서 피곤했는지 얼마 되지 않아 잠에 떨어졌고, 이 틈을 이용해 아들 부부는 잠깐 볼일을 보러 자리를 떴다.

얼마나 지났을까, 안방에서 얕은 소리가 들렸다. 들여다보니 아이가 칭얼거리고 있었다. 선잠을 깼다고 생각해서 우리 부부는 아이의 등을 토닥여 주었지만 잘 듯하다가도 깨기를 여러 차례 하며 울음을 쉬 그치지 않았다. 혹시나 하여 기저귀를 봤더니 샛노란 똥이 한 움큼 보였다.

오라~ 이거 땜에 그렇게 칭얼거렸구나!

기쁘게 기저귀를 갈아주고 또다시 아이 등을 토닥이며 잠을 재웠다. 마침내 칭얼거림은 멎었고 일 분도 채 지나지 않아 새록새록 꿈나라로 들어갔다.

우리는 '휴~' 안도의 숨을 내쉬고 잠시 긴장했던 몸을 거실 소파에 던졌다. 그리고 얼마나 지났을까, 안방에서 또다시 칭얼거리는 소리가 가느다랗게 들리는 듯했다. 얼른 달려가 아이를 보듬고 달래어 잠을 이어가도록 했다. 하지만 금방 잘 것 같았는데 쉬 울음을 그치지 않았다.

'오줌을 쌌나?' 혼잣말로 중얼거리며 기저귀를 보았지만 쉬를 한 흔적이 없이 멀쩡하다. 할 수 없이 아내는 아이를 안고 거실로 나가 한참을 이리저리 주위를 빙빙 돌며 달래본다. 옛날에 아기 달랠 때 흔히 불러주었던 "두껍아, 두껍아, 헌 집 줄게 새집 다오"를 반복하며 아이 등을 부드럽게 토닥인다. 하지만 아이는 잠은 안중에 없다는 듯 칭얼거리기만 한다. 우리는 작전을 바꾸기로 한다. '잠재우기'에서 '울음 그치기'로.

작전에 들어갔다.

제일 먼저, 좋아하는 장난감인 짤짤이, 칭칭이, 뽀로로, 찍찍이를 들고 아이의 관심 끌기에 주력한다. 잠시 울음을 그치는 듯하다가도 얼마 못 가서 또 보챈다. 혹시 아이가 배가 고파서 그런가 하여 우유를 데워 아이에게 주었는데 그것도 잠시 빠는 듯하다가 내팽개친다.

아~ 배가 고픈 것도 아니로구나.

우리는 잠시 멍했다. 이제 뭘 해야 아이가 울음을 그칠까?

마지막 작전으로 우리는 아이의 기쁨조가 되기로 한다.

할매, 할아비가 무대 위 광대가 되어 손짓하며 동요를 부르고 재롱을 부려 울음을 그치게 하려는 최후의 작전이다. 우리는 즉시 행동을 개시했다.

먼저 '학교 종이 땡땡땡'부터 시작하여 '산토끼 토끼야 어디를 가느냐' '따르릉 따르릉 비켜나세요' '코끼리 아저씬 코가 손이래' '깊은 산속 옹달샘' 등 우리가 알고 있는 동요는 모두 아득한 기억의 창고에서 끄집어내어, 과장된 손짓과 함께 큰 소리로 이중창을 불러댔다.

아이의 눈동자가 조금씩 커지더니 우리의 손가락 움직임이나 고개 돌리는 방향에 따라 이리저리 바쁘게 돌아가고, 마침내 아이는 우리의 별난 쇼에 집중하는 듯 울음이 잦아들었다.

와~ 우리의 쇼가 일단 성공한 것 같았다. 우리 부부는 쾌재를 부르지 않을 수 없었다. 하지만 잠시라도 방심할 수 없었다. 쇼가 멈출듯 하면 칭얼거림은 또다시 부활하였고, 우리는 즉시 노부부 동요 노래 공연을 재개해야 하였다.

이렇게 얼마나 시간이 흘렀을까, 공연에 열중해 있는데 현관문의 벨 소리가 울리고 아들 내외가 현관에 들어섰다.

그런데 이게 웬일인가?

아이의 태도가 갑자기 180도 바뀐다. 낮게 칭얼거리던 소리가 뚝 멈추고 고개를 쑥 들어 올리며 엄마, 아빠를 빤히 쳐다본다.

이어서 마치 '왜 이제 왔어? 빨리 안아줘!'라고 하듯 몸을 뒤틀며 안도의 표정을 짓는 게 아닌가!

　엄마는 달려가 아이를 품에 안고 꼭 껴안아 준다. 눈물이 그렁그렁한 아이의 두 눈을 마주치며 연신 "미안해! 미안해!" 하면서.

　마침내 아이는 엄마의 품에서 지극한 행복에 흠뻑 젖는다.

　아하(AHA)!

　할매, 할아비의 스킨십도, 재롱도, 노래자랑도 엄마 앞에서는 태양 앞의 촛불 같은 거였구나.

　엄마는 위대했다. 엄마의 존재 그 자체만으로 모든 것이 평정된 것이다.

　우리 부부는 한참 동안 거실에 멍하니 서서 아이의 행복한 표정을 바라보지 않을 수 없었다. 그리고 우리에게 쉽지 않았던 문제를 한순간에 해결한 아이의 엄마를 마치 신을 보듯 우러러보지 않을 수 없었다.

　아이에게 엄마의 존재는 우주의 중심이었구나.

　감탄과 함께 반짝이는 깨달음이 찾아왔다.

문화재 발굴 현장을 보며

요즘 새로운 구경거리가 생겼다.

내가 사는 아파트 단지 옆에서 대규모 재건축이 진행되고 있는데, 정지작업이 끝나고 땅을 파는 과정에서 삼국시대 유물이 발견되었다고 한다. 지금은 여러 유물발굴단체에서 현장에 나와 새벽 7시쯤부터 부지런히 작업을 하고 있다. 내가 사는 층이 아파트 높은 층이기에 이 발굴작업 현장을 위에서 훤히 들여다볼 수 있었다. 때때로 거실에서 작업을 지켜보는 재미가 제법 쏠쏠하다.

유물은 가끔 찾아보는 박물관에서만 만나볼 수 있는 것이고, 현재와는 동떨어진, 아득한 역사 속에서나 존재하는 것으로 생각해 왔다. 그러던 것이 내 코앞에서, 그것도 약 1,400~2,000년 전의 먼, 먼 삼국시대 사람들이 사용하던 유물의 발굴 현장을 두 눈으로 볼 수 있다니, 살짝 흥분되었다.

 삼국시대 사람들의 생활상이나 문화, 예술에 관해서 더 알고 싶어졌다. 그중에서도 특히 발굴되는 유물이 백제인들이 쓰던 것이라고 하니 백제에 대한 궁금증도 덩달아 커졌다. 내가 알고 있는 삼국시대 지식은 너무 단편적이었고, 또한 고구려의 훌륭한 고분벽화나 신라의 화려한 금관이나 금제 장신구 등에 비해 백제의 유물에 대해서는 거의 아는 것이 없었다. 인터넷을 뒤적이며 삼국시대나 백제에 관한 글을 보다 보니, 좀 더 알고 싶어 도서관에 가서 책 두 권을 빌려와 읽게 되었다.

 부족 국가에서 벗어나 고대 민족국가로서의 체제를 갖추기 시작한 때부터 고구려, 백제가 멸망하고 신라가 통일한 676년까지의, 700여 년간을 삼국시대라 말한다. 삼국시대 민중의 삶과 예술에 대해서 알아봤다.

 삼국시대 주민들은 노래와 춤도 즐겼다. 고구려는 농촌, 평민자제들까지도 책을 읽거나 활쏘기를 하였고, 백제의 경우 국가적으로 중국에서 유교 경전을 수입하여 가르치고 왜(倭)에 학자를 파견하여 이를 전하고 가르쳐주었다.

 음악에 대해서 궁금한 게 많아서 살펴봤다.
 고구려는 서역음악과 북조계의 음악을 받아들여 거문고, 공후, 피리, 생(笙) 등과 요고(腰鼓), 담고(擔鼓) 등의 타악기술을 사용하여 기질에 맞는 활기찬 음악을 만들어냈다. 이에 반해 백제는 남조계의 청악(淸樂)을 양나라로부터 들여왔는데 고구려와는 달리 전아(典雅)한 음악을 가지게 되었다. 한편, 신라는 진흥왕 때에 와서 가야 음악을 받아들여 가야금 연주에 맞추어 무용과 노래를 곁들이는 형태로 발달하였다. 이렇게 삼국은 중국의 음악을 수입하여 그대로 사용하지 않고 나름대로 개성을 가진 음악으로 발전시켰다.

또한, 탑을 만드는 기술은 백제가 가장 앞섰는데 목탑은 남은 것이 없으나 석탑은 익산의 미륵사 탑, 부여의 정림사 탑이 남아있어 그 수준을 짐작할 수 있다.

(출처: 네이버 지식백과, 〈삼국시대〉를 참고)

한편, 일제강점기에 이루어진 고적 조사사업은 철저하게 일본인이 기획하고 일본인만 참여하였고, 사업에 참여한 식민지의 고고학자들은 조선총독부의 내선일체 정책과 식민정책을 정당화함으로써 역사를 심히 왜곡시켰다는 것을 책을 통해 비로소 알게 되었다. 책의 저자는 말한다.

> 한나 아렌트가 말한 '악의 평범성'이란 말을 떠올리지 않을 수 없다. '악의 평범성'이란 말은 사람이라면 누구나 악인이 될 수 있다는 뜻이 아니다. 악은 무시무시하거나 특별한 무언가가 아니다. 단지 다른 사람의 처지를 생각하지 못하는 무능력이다. (중략) 현재를 살아가는 우리가 그것을 어떻게 평가하고 받아들여야 할지 많은 교훈과 긴 여운을 준다.
>
> (출처: 이병호, 《내가 사랑한 백제》, 다산초당, 2017)

역사를 대할 때, 올바른 사관(史觀)과 인물에 대한 객관적 평가, 전통의 창조성을 보는 관점이 얼마나 중요한지 알게 되었다. 사전에 공부하지 않으면 아무리 좋은 유물이나 유적을 보더라도 껍데기만 쳐다보고 돌아가게 된다. 공부하면 깨진 기왓장 한 조각에서도 의미를 읽고 감동을 맛볼 수 있을 것이다. 이제 박물관에서 유물을 볼 때 건성으로 보지 않고 공부해서 더욱 관심과 애정을 가지고 봐야겠다고 생각했다.

백제의 유물 발굴에 대해 더 알고 싶어 들여다봤다.
귀중한 무령왕릉 유물은 1971년 공주 송산리 고분군에서 무덤 주위 배수로 작업을 하다가 우연히 발견하여 발굴하게 되었고, 백제를 대표하는 예술품인 금동대향로는 1993년 부여 능산리 고분군에서 주차장을 건설하다가 예상하지도 않게 출토되었다고 한다. 1990년 천안의 청당동 유적 발굴조사 실태를 생생하게 기록한 글이 있어 흥미롭게 읽어본다.

> 3세기 이전의 경기, 충청 전라 지역의 묘제가 오리무중이었던 당시, 수수께끼를 풀기 위해 나지막한 구릉 위에 자리 잡은 젖소 목장에서 무덤을 찾기 위해 소똥을 치워가며 발굴 조사에 임했다. 파손 없이 흙 알갱이를 섬세하게 제거하느라 이만저만 고생한 게 아니었으나 청당동 유적은 3~4세기 마한의 무덤이 어떤 형태였는지 낱낱이 보여 주었다.
>
> (출처: 권오영, 《삼국시대, 진실과 반전의 역사》, 21세기북스, 2020)

유물 발굴단이 온종일 뙤약볕에서 삽으로 흙을 퍼 나르고 쪼그리고 앉아서 호미질하는 것이 보인다. 그들은 분명 조상의 유물에 대한 관심과 애정이 담긴 열정으로 작업을 하고 있을 터이다. 고구려, 신라에 비해 상대적으로 소외되었던 백제의 찬란한 문화가 지금 추진되고 있는 발굴작업으로 새롭게 인식되는 계기가 마련된다면 더할 나위 없겠다.

출토되는 유물을 보고 그들은 어떤 생각을 할까?

호리병을 보고 우리 할아버지가 터뜨리는 너털웃음을 떠올리고, 등잔과 서등을 보며 할아버지가 늦은 밤 서책을 읽고 계시는 모습을 그려보지나 않을까? 또 밥그릇과 수저 한 쌍에서는 할머니가 마련한 조촐한 밥상을 둘러싸고 온 가족이 오순도순 얘기하며 밥을 먹는 상상을 할 것 같다.

영국의 사학자 E.H.카가 "역사란 과거와 현재의 대화이며, 역사가와 과거 사실 사이의 끊임없는 상호작용이다."라고 한 말이 가슴에 다가온다.

이번 문화재 발굴 현장을 보며 우리 고대 삼국시대 문화에 대해 ― 특히 이 발굴 현장에 자리 잡았던 백제의 문화에 ― 더욱 관심을 가지게 된 계기가 되었다.

백제금동대향로와 금동미륵보살반가사유상(국보 83호), 정림사지 오층석탑 같은 명품은 차치하더라도 소박한 항아리나 술병, 후덕하고 넉넉한 멋이 풍기는 와당(瓦當)의 연화문, 온화한 미소의 불상 등 백제의 유물을 천천히 감상하면서 백제 문화의 진수를 살짝이나마 맛볼 수 있게 되었다.

 김부식의 《삼국사기》에서 백제 문화의 세련된 절제미를 '儉而不陋 華而不侈(검이불루 화이불치)'—검소하지만 누추하지 않고, 화려하지만 사치스럽지 않다—라고 한 까닭을 이제야 조금은 이해할 수 있을 것 같다.

사람을 믿는다는 것

이런 상상을 해봤다.

우리가 서로에 대한 신뢰가 없다면 단 하루라도 제대로 살 수 있을까?

불안해서 살 수 없을 것 같다. 몸이 아파도 의사를 믿지 못하고, 자동차를 타도 운전사를 믿지 못하고, 음식점에서 밥을 먹더라도 요리사를 신뢰할 수 없다면 우리는 한시라도 마음 놓고 살 수가 없을 것이다.

이뿐인가? 은행원, 부동산 중개인, 건축업자, 친구 그리고 아내, 심지어 나까지 믿을 수 없다면, 숨 막혀 단, 일 분도 버티지 못할 것 같다.

아침에 신문을 펴들면 온갖 사건, 사고가 사회면을 도배하고 있다.

정치인이 거짓말로 국민을 속이고, 은행원이 고객의 돈을 횡령하고, 건축업자가 사기 분양을 하고, 보이스 피싱으로 사람을 속여 이익을 취하고, 게다가 배우자가 자동차 사고로 위장하여 사망보험금을 타는 등 다양한 방법으로 선량한 사람들을 울리고 있다.

문득 우리나라 범죄율이 얼마나 될까, 궁금해서 인터넷 자료를 검색해 봤다.

인구 10만 명당, 전체 형법 범죄 2,015건, 강력 범죄 685.4건
(출처: 검찰청, 〈범죄분석통계〉, (2020년 기준))

전체 인구 대비 형법 범죄는 2.0%, 이 중 강력 범죄(살인, 강도, 강간, 절도, 폭력)는 약 34%를 점유하였고, 지난 30여 년간 전체 범죄 건수는 약 2배 정도 증가했다고 한다. 참고로 형법 범죄는 재산 범죄와 강력 범죄뿐만 아니라 위조 범죄, 공무원 범죄, 풍속 범죄, 과실 범죄 등을 포함하여 사회의 안전 수준과 치안 상태를 나타낸다.

한편 이 외에도 민법에서의 사기죄나 사람의 생명, 신체, 명예, 사생활 등을 보호하는 인격권 침해 범죄까지 포함한다면 총 범죄율은 훨씬 상승할 것으로 보인다. 그렇다고 우리가 만나는 사람마다 모두 의심의 눈초리로 경계하며 살아갈 수는 없을 것이다.

나는 설령 인구의 10%가 법을 어겨서 내 몸과 마음이 상처받는다고 해도 만나는 사람을 의심하지 않고 믿으며 살고 싶다. 그 10%로 인해 나머지 90%의 선한 마음을 훼손하고 싶지 않기 때문이다.

사람을 신뢰하지 못한다는 것은 인간의 타고난 선한 본성을 의심

하는 것이며, 인간에 대한 믿음을 포기하는 것이다. 인간은 불완전하여 잘못을 범할 수밖에 없는 결점투성이임에도 나는 인간에 대한 신뢰의 끈을 놓지 않겠다. 사랑하는 가족들, 동네 이웃, 친구 그리고 나 역시 언제라도 잘못을 저지를 수 있는 인간이기 때문이다. 결국 사람을 신뢰한다는 것은 나를 사랑하는 것이요, 내가 행복하게 사는 길이다.

문득, 얼마 전 읽었던 책 속 동네 어느 꽃집 주인의 이야기가 생각난다.

> 그 꽃집 주인은 밖에 진열해 둔 꽃을 그대로 놓아놓고 퇴근한다. 그 이유는 단 하나, 오고 가는 사람들이 예쁜 꽃을 쳐다보며 행복하라고. 그이도 처음에는 도난방지를 위해 두꺼운 비닐 보자기로 씌워서 관리했는데 그 보자기가 무덤같이 보이더래. 그래서 그 가게 앞을 지나가는 많은 사람이 그 꽃을 보면서 지치고 피곤한 마음에 위로가 되기를 바라면서 보자기를 덮지 않고 그냥 놔두었다는 거야. 주변 사람들이 누가 화분을 슬쩍 가져가지는 않을까 걱정하는 말에 이렇게 말했대.
> "꽃을 누가 가져가면 교회에 십일조 했다고 생각하기로 했어요. 그 꽃 가져가서 그 사람이 행복하면 나도 함께 행복하기로 했지요. 그런데 놀랍게도 문틈에 돈을 끼워놓고 화분을 가져가는 사람은 있어도 도난을 당한 적은 단 한 번도 없었어요."
> (출처: 양순자, 《어른 공부》, 시루, 2012)

이 꽃집 주인이야말로 진정 식물을 사랑하고, 열린 가슴으로 사람을 신뢰하는 사람이 아닐까? 이런 따뜻한 마음을 가진 분이 주위에 있다는 것만으로 세상은 살만하고 한층 밝아질 듯하다.
 작가이자 철학적 여행가인 에릭 와이너는 '행복'을 찾아서 10개 국가를 여행하며 쓴 책에서 이렇게 이야기했다.

> 인간에 대한 신뢰도가 높을수록 행복도가 높아진다. 특히 이웃과 알고 지내기만 해도 삶의 질이 눈에 띄게 달라진다. 한 연구 결과에 의하면 특정 지역의 범죄율에 영향을 미치는 요인 중 가장 커다란 차이를 만드는 건, 순찰 경찰관의 숫자 같은 것이 아니라, 자기 집에서 걸어서 15분 거리 내, 아는 사람의 숫자다.
> (출처: 에릭 와이너, 《행복의 지도》, 김승욱 역, 어크로스, 2021)

 그는 아이슬란드에서 차가 눈 속에 갇혀 꼼짝도 할 수 없게 되었을 때, 항상 누군가 차를 멈추고 도와주는 것을 보았고, 수도 레이캬비크에서는 낯선 사람이 없어서 길거리에서 만나는 거의 모든 사람이 친구나 지인 수준이고, 건물 한 집 건너 하나씩 화랑이나 음반 가게나 카페가 들어서 있는데 카페에는 작가들이 북적이는 것을 보았다고 한다.
 그리고 삶이 아무리 팍팍하게 보여도 일이 항상 좋은 쪽으로 풀리리라 생각하는 아이슬란드인의 긍정적인 태도가 행복을 만든다는 것을 깨달았다고 했다.
 우리 지구에 이런 따뜻한 곳도 있었구나. 나는 이곳이 마냥 부럽기만 했다.

언젠가 신문에서 본 '마을 효과(Village effect)'라는 용어가 생각난다.

이탈리아 작은 섬의 사르디니아 마을은 장수마을로 유명한데, 그곳 사람들은 일생에 걸쳐 대가족, 친구, 이웃, 술집, 식료품 가게, 성당 등 늘 사람들에 둘러싸여 있어 함께 어울리거나 걷다가 들러서 대화를 나눈다고 한다. 이렇게 마을 공동체 내 어울림이 좋아서 건강하고 장수하는 현상을 '마을 효과'라고 한다.

지금 읽고 있는 책의 맨 마지막 몇 자락의 글이 오랫동안 가슴속에 여운으로 남는다.

> 희망을 부정하지 않는 사람만이 희망을 준비하고 발견할 수 있습니다. 혼자서는 가능하지 않습니다. 몬테크리스토 백작이 막시밀리앙에게 그러했듯, 우리가 서로에게 최소한의 이웃일 때 서로 돕고 함께 기다리며 희망을 가질 수 있습니다. 저는 여러분의 이웃입니다. 여러분이 제 이웃이라 기쁩니다.
> (출처: 허지웅,《최소한의 이웃》, 김영사, 2022)

살다 보면 언젠가는 이곳을 떠나게 될 것이다.

그때는 지나온 날들을 회상하며 주위의 좋은 사람들만을 기억하며, 올리브 색스처럼 이렇게 말하며 떠나고 싶다.

"저는 사랑했고, 사랑받았습니다.
많은 걸 받았고, 돌려주었습니다."

내가 할 수 있는 작은 일

낮 산책길에 문구점에서 플러스펜 세 자루를 사고, 빵집에 들러 아침에 먹을 호밀 식빵 두 덩어리를 샀다. 그리고 도서관 무인반납기에 책을 반납하고, 돌아오다가 학의천 얕은 개울의 돌 징검다리를 건너게 되었다.

졸졸 흐르는 싱그러운 물소리를 들으며 한 걸음 또 한 걸음, 발을 떼어놓으며 건너던 중, 돌과 돌 사이 물의 흐름이 눈에 들어왔다. 한 무리의 아이들 중에 앞서 잘 가던 녀석이 갑자기 돌을 만나 걸음을 멈추고, 친구들이 다 지나가도록 한쪽 옆에서 조그마한 원을 그리며 다소곳이 자기 차례를 기다리고 있었다. 한마디 불평도, 서두름도 없이.

이 모습이 너무 예뻤다. 가던 걸음을 아예 멈추고 그 자리에 쪼그리고 앉아 한참이나 아이들을 들여다봤다.

문득 아침에 책에서 읽었던 한 구절의 말이 떠올랐다.

> 이웃의 생각이 너와 다르다고 해서 분노하지 말아라. 논리적으로 설득하려 노력하되 어떠한 상황에서도 참고, 인내하고, 다정하게 해라. 결국에는 그들의 인정을 얻게 될 거란다.
> (출처: 피트 데이비스, 《전념》, 신유희 역, 상상스퀘어, 2022)

이 말은 저자 할머님의 부친이 어느 편지에 썼다는 글이다. 왜 이 말이 그 상황에서 갑자기 떠올랐을까? 얼른 연결이 안 되는 말인데. 이어서 이 책에서 감명 깊게 읽었던 내용이 실타래처럼 기억의 줄을 타고 줄줄이 올라온다.

책에서 저자는 특정한 장소나 공동체를 위해서 또는 특정한 신념이나 생각에 꽂혀 그것에 '전념(專念)하기'라는 반문화(反文化)를 평생 시간과 노력을 기울여 지키고 돌보는 사람들의 이야기를 흥미롭게 풀어썼다.

그들은 자신의 선택이 나중에 할 수도 있는 후회나 자신이 받게 될지도 모르는 부정적 정체성이나 평판에 대한 두려움에도 불구하고, 책임감과 사명감을 갖고 자발적으로, 당당하게 자신의 신념을 펼쳐 나간다. 그 결과 그들은 끝내 자신의 신념을 성취하는 감격을 맛보게 되었다는 이야기다.

그들의 다양한 사례들이 적혀있었다. 노예제 폐지나 여성의 참정권 운동, 인종 차별 철폐 등 인류의 역사를 바꾼 사례뿐만 아니라 지역 환경보전 운동, 공동체의 의로운 활동 등에 이르기까지 다양하다. 그중 흥미로운 사례 하나를 소개한다.

지미 카터 전 대통령과 기니벌레(guinea worm) 이야기다.

카터는 더 높은 자리에 오르는 것을 목표로 생애 초반 50년을 보냈으나 '80년 대통령 재선에 실패하면서 그의 꿈은 무너졌다. 은퇴 후 과거의 명성에 기대며 국민의 삶을 외면할 수도 있었지만, 그는 대의(大義)에 헌신하는 멀고도 험한 길을 떠나기로 결단했다. 그중 하나가 기니벌레로 인한 질병을 박멸하는 것이었다.

당시 기니벌레병은 연간 350만 명의 피해자를 낳았고, 엄청난 고통을 일으켰으며, 국제적 빈곤을 악화했다. 질병은 끔찍했으나 세상의 관심을 끌지도 못했다. 하지만 카터 재단의 노력 때문에 오늘날에는 사람의 기니벌레병 감염 건수는 매년 50건도 채 안 된다. 90대의 카터에게 바라는 꿈이 있는지 묻자 그는 이렇게 답변했다고 한다.

"내가 죽기 전에 마지막 기니벌레가 먼저 죽길 바라오."

(출처: 피트 데이비스, 《전념》, 신유희 역, 상상스퀘어, 2022)

아마도 카터 전 대통령은 세상을 떠날 때에도 행복할 것 같다. 하마터면 죽을 뻔한 문턱에서 살아난 수많은 아이의 따뜻한 축복을 받으며 좋은 세상으로 갈 것이기에 말이다.

나는 카터 어르신처럼 든든한 재력도, 탁월한 능력도, 탄탄한 조직도 없다. 나의 멘토 엘리 위젤의 말씀대로, 그저 나의 이웃에 도움이 필요한 사람이 없는지 살펴보고 한 사람이라도 진심으로 공감하며 접촉하는 것, 서로가 존중하면서 귀 기울이고, 세상을 좀 더 온전하게 만들기 위해 내가 할 수 있는 일을 하는 것이야말로 진정 내가 해야 할 일이다.

그럼 내가 할 수 있는 일은 어떤 게 있을까?

제일 먼저 떠오르는 생각은 글쓰기다. 나의 글에 공감하거나 긍정적인 작은 변화라도 경험할 수 있는 독자가 있는 한, 나의 글쓰기는 멈추지 않을 것이다.

문득 일본 작가 마루야마 겐지가 생각난다.

그는 토요일이나 일요일, 명절도 없이 매일 새벽 4시에 기상하여 간단하게 아침을 먹고 내리 3시간 동안 글 쓰는 생활을 23살 때부터 50년째 한다고 했다. 그리고 정원에 물 주고 꽃과 나무를 가꾸고 남아있는 무한한 문학 세계에 도전하기 위해 엄격한 생활 태도를 고집한다고 한다.

나 역시 글쓰기뿐만 아니라 일상생활도 좀 더 확고한 원칙을 가지고 실행하고 싶다.

이웃에게 따듯한 미소와 친절을 보내고, 조그마한 배려라도 아끼지 않고, 환경보호라는 거창한 용어를 쓰지 않더라도 최소한의 소비로 절제된 생활을 하며, 내가 가치 있다고 생각하는, 나만의 의미 있는 일을 할 것이다. 지금 내가 할 수 있는 작은 일부터.

우벽송 시인이 한 연로한 철학자 어르신을 생각하며 쓴 시가 떠오른다.

'그 사람의 차분하고 고결한 공간에 들어가면 그분은 존재라는 작은 삽과 호미로 우주의 작은 모퉁이를 자식같이 소중히 안아 정직한 정원을 가꾸고 있었다'는 내용이다.

(출처: 우벽송, 《닥치고 슈베르트》, 시 〈정직한 정원〉, 목선재, 2022)

나도 진정 이런 삶을 닮고 싶다.

소박한 헌신

온종일 책 속의 인물들과 함께 행복한 시간을 보냈다.

눈은 피곤했지만, 정신은 더없이 맑고 또렷하다. 책 속 작은 영웅들의 거룩한 영혼과의 교감은 나의 영혼을 고양하고 자유롭게 한다. 일상의 사소하고 평범한 선택만으로도 나의 존재감과 의미를 만끽할 수 있다는 용기와 자신감으로 충만해진다.

퇴직 후 남은 삶의 설계에 적지 않은 부담을 안고 있는, 내 나이 또래 사람들이 떠오른다. 앞으로 살아갈, 십수 년에서부터 길게는 이삼십 년에 이르는 기간을 허투루 보내지 않고 가치 있고 의미 있는 일로 보낼 수 있겠다는 희망이 고개를 든다. 여기에는 까다로운 조건도 없다. 멀쩡한 사지와 조그마한 의지와 끈기만 있다면 누구나 할 수 있을 듯싶다. 책 속의 작은 영웅의 목소리가 들려온다.

일단 나서서 한 가지 일을 해요. 그 일이 두 달이 걸린다고 치면 두 달 후에는 좀 더 나은 모습이 되어 있겠죠. 그리고 다시 두 달간 또 다른 일을 하면 그보다 더 나아질 거예요. 머지않아 적어도 1년 안에는 그곳을 둘러보면 '우와 우리가 여기에 꽤 엄청난 변화를 가져왔잖아'라고 생각하는 날이 올 거예요.
(출처: 피트 데이비스,《전념》, 신유희 역, 상상스퀘어, 2022)

이 작은 영웅은 친구와 함께 '배러 블록(Better Block)'이라는 단체를 꾸렸다. 자기가 사는 동네에서 한 블록 골라서 그곳을 개선하자는 소박한 캠페인을 벌이고 노력한다. 햇빛 가리개, 야외 테이블을 설치하고 화분으로 임시 중앙선을 표시하고 지역 예술가와 음식 판매자들을 초대해서 버려진 가게 앞쪽에 매대를 차렸다. 그러자 놀랍게도 공실률이 급락했고 가게 점포가 거의 3배 늘었다. 그는 말한다. 문제가 거대해 보이지만 그냥 시작해 보자고.

문득 오래전 읽었던 장 지오노의 《나무를 심은 사람》이 생각난다. 찬바람이 불고 황량한 프랑스 어느 시골 마을의 이야기다. 주인공은 어느 날 철로 된 막대기를 들고 거친 땅 한쪽에 구멍을 낸다. 그 구멍에다 도토리를 하나씩 심는다. 매일 반복하여 3년이 되도록 10만 개의 도토리를 심었다. 얼마 후 2만 개가 싹을 틔우고 그중에서 1만 그루의 떡갈나무가 사람 키보다 더 높이 자라났다. 그리고 갑자기 연쇄반응이 일어나 말라붙었던 개울에 물이 흐르게 되고, 바람이 씨앗을 퍼뜨렸고, 생각지도 않던 곳에서 나무가 자라기 시작했다. 이렇게 하여 마을은 '소풍으로 즐거움과 웃음을 회복한 사람들'로 금세 가득 찼다는 기적의 스토리다.

일방적인 자기희생 없이도 나와 타인을 이롭게 하는, 이런 거룩한 헌신은 처음 한 걸음에서 시작되는 듯하다. 내딛기만 하면 뜻을 같이 하는 동지가 생겨나 나를 받쳐줄 그물이 보일 거라고 그들은 한결같이 말한다.

이와 비슷한 사례가 있어 간단히 소개하고 싶다. 쓰레기더미의 집 옆 공터를 정원으로 바꾼 카렌 워싱턴이라는 여성의 얘기다.

물리치료사이자 두 아이의 싱글맘인 그는 할렘에서 브롱크스로 이사했다. 이전에 매번 세입자로 살다 새집을 지어서 행복했다. 그러나 새집 건너편에 쓰레기로 가득한 공터가 있었고 시에서 몇 년을 방치하고 있었다. 분노가 일었고 절망했다.

그러던 이 년 후 어느 날이었다. 이웃 중 누군가가 삽을 들고 공터에 서있는 걸 보게 되었고, 그는 "좋아요, 나도 돕겠어요!"라며 함께 쓰레기를 치우고 여기에 공동 정원을 꾸미기로 한다. 공터는 서서히 옥수수, 케일, 멜론, 호박 등으로 가득 차게 되었고, 이듬해에는 이웃 주민들도 합세하여 〈행복의 정원〉이라는 푯말을 세웠다. 그리고 이웃과 대화하며 그들의 문제점을 하나씩 해결해 나갔다. 그는 유기 농업 수업을 듣고 원예 비법과 요령을 배우고, 드디어 유기농 농장을 공동으로 소유하게 된다. 그리하여 이웃과 여러 공동체의 일원으로 한껏 기쁨을 공유하게 되었다는 아름다운 이야기다. 그는 말한다.

> 그 빈터에 무언가 아름다운 변화가 일어나리라는 걸, 나는 온 마음과 영혼으로 느낄 수 있었어요. 날마다 이웃을 보고 인사하고, 나무를 보고 감사하고, 하늘을 보며 감사해요. 그냥 모든 것이 다 감사해요. 하루하루가 삶에 감사하는 날이에요.
> (출처: 피트 데이비스, 《전념》, 신유희 역, 상상스퀘어, 2022)

지금 당장이라도 내가 있는 이 장소에서, 내가 가진 능력 한도 내에서, 누구나 한 조각의 마음만 낼 수 있으면 시작할 수 있는 조그마한 헌신!

이런 마음을 내는 이들이야말로 진정한 영웅이 아닐까 싶다. 그래서 로댕은 프랑스 칼레의 6인의 의인을 조각한 〈칼레의 시민〉을 만들면서 이렇게 말하지 않았을까.

> 진정한 영웅은 인간이기에 두려움에 떨며 고민하면서도 결국은 자기에게 주어진 사명을 회피하지 않았던 점에 있는 것이지, 겉으로 보기에 담대함에 있는 것이 아니다.
> (출처: 김선빈, 《"뭣이 중헌디?"에 답하다》, 좋은땅, 2022)

어느 다큐멘터리 제작자의 좌우명인 "모든 의미는 지속할수록 축적된다"라는 말대로 매일 하루하루 기꺼이, 그리고 오래오래 마음을 낸다면 우리가 사는 세상을 더욱 살만한, 의미 있는 세상으로 만들 수 있을 것이다.

사실 우리는 나름대로 눈에 띄지 않는 작은 헌신을 날마다 하고 있다고 생각한다. 길거리에 이리저리 나뒹구는 쓰레기나 과자 봉지, 빈 음료수병을 줍는 행위나 이웃에게 전하는 따뜻한 미소와 친절, 그리고 칭찬 한마디가 바로 그것이다.

이뿐인가? 비록 역할을 완벽하게 수행하지는 못하더라도 부모로서 아이들을 양육하고, 자식으로서 부모님을 성의껏 돌보는 행위 역시 변변치 않지만 작은 헌신의 한 사례로 손색이 없을듯하다.

이 책의 저자 역시 결혼하고 아이를 낳아 기르는 것이야말로 현시대에서 가장 마지막으로 남은 헌신이라고 했다. 결혼하여 아이를 성인이 되도록 보살피는 행위는 자신의 자유를 포기하고 불확실한 삶을 기꺼이 자발적으로, 조건 없이 수용하겠다는 거룩한 헌신이기 때문이다. 특히 인구가 줄어들어 나라의 존망이 염려되는 우리나라의 경우에는 더욱 공감이 가는 말인 듯하다.

어쩌면 '거룩한 헌신'이라고 표현하는 것도 과분할 듯하다. 비록 자기희생이 따른다거나 상대의 이익을 위한다고 하더라도, 나의 행위가 대가를 바라지 않고 내가 좋아서 하는 일이고, 그 일을 통하여 기쁨을 맛본다면 굳이 거창하게 '거룩한 헌신'이라는 용어를 사용할 필요조차 없지 않을까? 나의 '소박한 행복을 위해서'라는 표현이 더 어울릴 것 같다.

이제 늦은 밤 동네 한 바퀴를 돌며, 떠도는 뭇 고양이들에게 먹이를 주는 캣맘을 바라보는 시선도 예전과 달라질 것 같다. 이렇게 소박하지만 따뜻한 마음을 내는 이웃을 어찌 무심코 지나칠 수 있으랴.

지금 우리는 저마다 지금 있는 곳에서 주어진 능력껏 애써가며 노력하고 있다. 다만, 나는 더욱 잘하고 있는 이웃을 바라보며, 욕심을 내어 한 발자국 더 힘차게 내딛고 싶다.

  나의 소박한 행복을 위하여!

또 하나의 감동

감동이 온몸으로 밀려왔다.

이전에 듣던 그 음악이 아니었다. 수십 번 들었던 그 모차르트의 곡과는 뭔가 달랐다. 그의 피아노 콘체르토 20번을 '클라라 하스킬'이라는 피아니스트가 연주하였기 때문이었다. 이미 그녀의 연주를 여러 번 들어 왔지만, 그녀의 삶을 알고 나서부터 그녀의 음악이 다르게 보였다. 아니 음악을 감상한 내가 달라진 것이다.

'나무 의사'로 불리는 우종영 씨의 글을 읽었다.

그의 책 속 마지막 글은 '백리향'이라는 나무에 관한 글이었다. 이 나무는 해가 내리쬐는 높은 산 절벽의 바위틈에 뿌리를 내리고 바위 위에 엎드린 채 힘겹게 줄기를 뻗다가, 어느 순간 여린 가지를 비스듬히 세우고 새끼손톱만 한 꽃을 소담스레 피운다고 하였다. 보는 이의 지극한 연민을 자아내게 하는 가녀린 여인 같은 꽃이다. 백리향이라는 이름은 발끝에 묻은 향기가 백 리를 지나도록 오래 남는다고 해서 붙은 이름이라고 한다.

저자는 이 꽃을 대할 때마다 '클라라 하스킬'이라는 피아니스트가 떠오른다고 하였다. 어렵게 바위틈에 자리 잡고 아름다운 향기를 전하는 백리향처럼 그녀는 희귀병으로 갖은 고생을 하면서도, 그녀가 연주한 곡들은 그녀의 삶과 함께 많은 사람에게 위로가 되어주고 있기 때문이다. 그녀는 생전에 이런 말을 남겼다고 한다.

> 나는 항상 벼랑 모서리에 서 있었습니다. 그러나 머리카락 한 올 차이로 인해, 한 번도 벼랑에서 굴러떨어지지는 않았지요. 그건 신의 도우심이었습니다. 먹을 힘만 있어도 감사한 일이지요.
> (출처: 우종영,《나는 나무에게 인생을 배웠다》, 메이븐, 2019)

선뜻 이해가 가지 않았다.

이 왜소한 외모의 여인에게서 어떻게 청중의 마음을 휘감는 강력한 포스가 발산되는지, 다발성경화증(중추신경계에 발생하는 만성 질환으로 환자의 면역체계가 건강한 세포와 조직을 공격하는 자가면역 질환)이라는 불치병으로 온몸에 깁스하고 4년을 싸웠지만 결국 후유증으로 등이 굽는 꼽추가 되고서도 피아노를 포기하지 않게 한 힘은 무언지 알 수 없다.

그녀는 아마 세상에 오기 전에 고난으로 얼룩진 삶을 미리 선택하고 왔을지도 모른다. 그렇다면 더 큰 영혼의 성장을 위하여 기꺼이 극단의 고통을 감수한 그녀는 거룩한 천사가 아닐까?

 우수에 찬 얼굴, 그리고 맑은 눈망울에 보는 사람을 빨아들여 풍덩 빠뜨릴 것 같은 커다란 두 눈, 고양이를 가슴에 꼭 껴안고 있는 주름진 두 손을 보고 있으면, 같은 유대인으로서 거의 동시대에 활약한 한나 아렌트가 떠오른다. 분야는 다르지만 한 사람은 철학으로, 또 한 사람은 예술로 우리에게 커다란 감동을 준 위인들이다.

 클라라 하스킬이 세상을 떠나기 한 달 전 마지막으로 녹음했던 모차르트 20번을 유튜브로 다시 들어본다.

 군더더기 하나 없는 순수하고 청아한 연주로 그동안 고통 속에서도 행복했던 순간들과 이제 아쉬운 고별을 하려는 듯하다. 이 곡은 모차르트가 쉬이 드러내지 않고 아껴두었던 비애를 드물게 숨김없이 그려낸 단조곡(그의 〈레퀴엠〉과 같은 d 단조곡이다)으로서 그녀의 굽은 등과 오그라든 손으로 한 땀 한 땀 수놓아지는, 맑고 영롱한 음들에 의해 더욱 슬프고도 아름답게 다가온다. 마치 천상의 슬픔을 보는듯 하다. 눈물샘이 열리고 어느새 눈물이 고인다.

 그녀의 공연을 본 러시아 피아니스트 니콜라예바는 이렇게 회상했다고 한다.

> 막상 공연이 시작되고 나니 카라얀의 존재는 아무것도 아니었다. 나를 울린 것은 작은 꼽추 노인이었다. 그녀가 건반 위에 손을 올리고 연주를 시작하자 내 볼에서는 눈물이 흘렀다. 결국 그 공연은 내가 경험한 최고의 콘서트가 되었다.
>   (출처: 우종영,《나는 나무에게 인생을 배웠다》, 메이븐, 2019)

"나는 진정한 천재라고 할 수 있는 사람을 평생 세 명 만났다. 아인슈타인, 처 칠, 그리고 클라라 하스킬이었다."라고 한 찰리 채플린의 말에 고개가 절로 끄덕여진다.

 클라라의 혹독한 시련에 비하면 나의 시련은 아무것도 아니었다.
 지금 내 나이에 세상을 떠난 그녀에 비하면 나는 운이 좋은 사람이다.
 지금은 나의 재능을 드러내기에 너무나 좋은 환경이다.
 나의 향기가 백 리는 아니더라도 십 리는 갈 수 있도록 열심히 살고 싶다.

몸은 거짓말을 하지 않는다

며칠 전 주말에 있었던 일이다.

점심을 먹고 나니 갑자기 오른쪽 갈비뼈 위쪽 부위에 통증이 느껴졌다. 걸을 적마다 뜨끔뜨끔하여 손으로 만져보면 뭔가에 크게 부닥친 것 같은 불편함이 감지되었다. 최근 부닥친 일도 없었고 뭔가를 잘못 먹었던 기억도 전혀 없었다.

이런 일은 처음이었다. 나이가 드니 이렇게 하루아침에 날벼락이 떨어지기도 하는구나, 생각하고 쓴웃음을 짓고 말았다. 계속 불편하면 병원에 가보기로 하고 일단 참아보기로 했다.

그러던 것이 오후 늦게부터 통증이 점점 더 심해진다. 살짝 긴장되었다. 방치하면 큰일이 날 것 같은 분위기가 느껴졌다. 원인을 밝히기 위해서 내일 아침에 병원에 가서 복부 초음파검사라도 해봐야 할 것만 같았다.

핸드폰을 집어 들었다.

모르는 게 있을 때마다 찾게 되는 친구다. 혹시 나의 사례와 유사한 증상의 글이 있나 하여 검색해 보았다. 금방 유튜브 동영상 하나가 튀어나왔다. 이런 이유 없는 통증에 관하여 경험 많은 의사 한 분이 친절하게 설명해 주신다. 꼭 집어 얘기할 순 없지만 이런 경우 대부분은 스트레스로부터 비롯된다고 하였다.

"아니, 스트레스가 범인이라고?"

전혀 뜻밖의 말에 코웃음만 나왔다. 요즘 나는 과거 어느 때보다도 마음이 평온하여 행복하다고 생각하고 있는데, 당치않은 말이라고 무시하려 했다. 하지만 잠시 생각을 멈추고 나를 돌아봤다.

"혹시 요 며칠 동안 스트레스를 받은 적이 있었나?"

순간 뭔가 짚이는 게 있었다. 점심때 식탁에서 아내와 아이가 사소한 일로 논쟁을 벌였던 일이 떠올랐다. 아주 짧은 시간이었지만 아내와 아이는 각자 자신의 정치적 소견을 굽히지 않았고, 아내가 끊어질 듯 말 듯 계속 말을 쏟아내던 중, 아이가 더 이상 참지 못하고 급기야는 "이제 그만하세요!"라고 큰소리를 치고 말았던, 작은 소동이었다.

처음엔 토론으로 시작하여 말다툼으로 번진 것이다. 식사하면서 순식간에 벌어졌던 일이라 곁에 있던 나로서는 어찌할 수 없어서 마음이 몹시 불편하였다. 이래서 밥상머리에서는 정치와 종교 관련 얘기를 하지 말라는 거였구나, 후회했지만 소용이 없었다. 다행히 아내가 말을 곧 멈춤으로써 상황은 정리되었고 겉으로는 다시 평온한 시간으로 돌아오게 되었다.

돌이켜 보건대, 혹시 지금의 이 통증이 낮에 있었던 말다툼으로 인한 것인가? 나도 모르게 이 소동을 충격적으로 받아들여서 즉각 부정적으로 반응한 결과인 줄도 몰랐다. 그렇다. 분명 이 짧은 말다툼을 의식적으로는 별것 아니라고 판단한 듯했지만, 나의 내면은 예민하게 반응했던 게 틀림없었다.

나의 내면 아이가 보였다.
엄마의 큰소리 한마디에 충격을 견디지 못하고 머리를 싸매며 괴로워하는, 너무나 순진한 5살짜리 어린 아이가 있었다.

"아~ 너무 어려 조그만 충격에도 견디지 못하는구나!"

가슴 속으로 연민이 몰려왔다. 내면 아이가 캄캄하고 추운 지하실 방에서 혼자 웅크리고 앉아 흐느끼고 있었다. 오들오들 떨고 있었다. 나는 조용히 다가가서 한 줌도 안 될 듯한 아이의 몸을 가슴으로 꼭 껴안으며 등을 토닥토닥 두드려주었다. 그리고 아이의 귓가에 속삭여 주었다.

"많이 힘들었지? 이제 괜찮아, 다 잊어버려요."

아이의 흐느낌은 점점 잦아든다. 몸속 싸늘한 냉기는 서서히 가시고 그 자리엔 따뜻한 기운이 조금씩 스며들고 있었다. 이렇게 나는 다정한 엄마가 되었다.

내가 의식하지 못하는 사이에 내면 아이는 이렇게 힘들었구나.

이렇게 내면 아이에게 부드럽게 위로의 말을 전하고 있던 차에, 곁에 있던 아내는 나의 통증이 걱정스러운 듯 물파스를 찾아서 통증 부위 주위를 손으로 한참을 부드럽게 쓰다듬으며 발라준다. 자신도 이런 적이 있었는데 시간이 지나니까 낫더라고 하면서.
고마웠다!
오랜만에 느껴보는 아내의 부드러운 감촉에 왠지 기분이 좋아진다.

다음 날 아침이 밝았다.
잠에서 깨자마자 가슴 여기저기를 더듬어보았다.
그런데 이게 웬일인가?
하룻밤을 자고 일어났는데 아픈 통증이 싹 가시고 없다. 특별히 조치한 것도 없었는데 말이다. 너무 신기하여 다시 통증 부위를 힘을 주어 눌러봤다. 그래도 역시 아프지 않았다.
아~ 그랬구나! 나의 내면 아이가 아픈 상처를 훌훌 털고 건강하게 밝은 곳으로 나온 것이 틀림없었다. 아내의 따뜻한 손길도 한몫했음은 물론이다. 다시 한번 몸과 마음은 하나이고, 거짓말 못 하는 몸의 순진함을 확연히 알 수 있었다.

문득 얼마 전 이와 유사한 사례가 생각난다.
독서클럽 회원들과 서울 둘레길을 걷게 되었다. 최근 며칠 사이 코로나와 비 오는 날씨 등을 핑계로 게으름을 피우며 동네 주변 걷기에도 소홀했던 터였다. 하지만 웬만한 둘레길은 두어 시간 정도는 힘들이지 않고도 수월하게 걸을 수 있다고 생각했다.

그러나 그날은 달랐다. 몸이 자기랑 같이 놀아주지 않았다고 심통을 부리는 듯, 한 시간도 못 가서 헉헉거리게 되었다. 다행히도 잘 도닥이며 쉬엄쉬엄 정해진 코스를 완주하였지만, 그동안 몸을 소홀히 한 대가를 톡톡히 치르고 말았다.

그렇다! 몸은 있는 그대로 한 점의 거짓말도, 변명도, 위선도 부리지 않고 보고 느낀 그대로를 솔직하게 드러내 보였다. 십여 년 전, 암과 한 차례 전쟁을 벌이고 난 뒤, 몸을 이끄는 캡틴으로서 몸에게 엄숙하게 한 다짐의 말이 생각났다. 전에 써놓은 비장한 약속의 글을 다시 읽어본다.

"구성원에게 약속한다. 다시는 이런 일이 재발하지 않도록 하겠다. 이 약속은 그동안 내 몸을 함부로 하여 내부폭동을 유발해 정신과 영혼을 어지럽힌 것에 대한 반성이기도 하다. 나는 이 약속을 지키기 위해 매일 8km 이상을 걷고, 30분 이상 스트레칭과 근육강화운동을 하고, 몸에 나쁜 영향을 주는 것은 최대한 자제하겠다."
(출처: 최준배, 《하얀 고백》, 〈캡틴의 미션〉 중, 2019)

지금의 나는 캡틴으로서 미션을 잘 수행하고 있는 것일까? 돌아보지 않을 수 없었다.

진짜 부자란

오전에 읽었던 책(양순자, 《어른 공부》, 시루, 2022) 속의 두 친구의 이야기가 머릿속에서 떠나지 않고 계속 맴돈다. 책을 읽다 보니 곧 눈물이 그렁해져 눈물과 콧물을 훔치며 읽었던 글이다.

산책하는 내내 두 가지 물음이 나의 화두가 되었다.

나는 '나 대신 목숨을 내줄 수 있는 친구가 있을까?' 그리고 또 하나는 '친구가 어려운 상황일 때 나는 선뜻 구원의 손길을 내밀 수 있을까?'

두 질문 모두 쉬이 대답이 나오지 않는, 불편한 물음이었다. 두 번째 질문이 핵심이다. 이 질문의 답이 나오면 첫 번째 물음은 신경 쓸 필요가 없다. 그것은 친구의 문제이지 내 문제가 아니기 때문이다.

책 속 친구의 상황을 차근차근 다시 생각해 보고 싶다.

미국 청교도 시절이었다. 사형선고를 받은 한 젊은이의 형이 집행되는 날이었다. 그 젊은이는 홀로 계신 어머님을 한 번만 뵙고 오면 안 되겠냐고 집행관에게 간청했지만, 그 부탁은 들어줄 수가 없는 것이었다. 행여 도망가면 책임질 수 없기 때문이었다. 그때 사형수 친구의 마지막 모습을 보러왔던 고향 친구가 사형대 앞으로 나와서 말했다.

"이 친구가 돌아올 때까지 제가 사형대를 지키고 있겠습니다. 이 친구가 정해진 시간에 도착하지 않으면 내가 대신 사형을 당하겠습니다."

친구는 조금도 불안한 기색 없이 서약서에 도장을 찍었다.

시간이 흘러 친구가 돌아오기로 한 약속 시간이 다가오고 있었다. 그러나 어머니를 보러 간 친구는 오지 않았고 형 집행 시간이 몇 분 남지 않자 집행관이 불쌍한 눈빛으로 "이젠 자네가 친구 대신 갈 수밖에 없네. 마지막 남길 말은 없는가?"라고 물었다.

그는 태연하게 말했다.

"내 친구는 분명 올 겁니다. 무슨 사연이 있어 늦는 것이죠. 내가 죽은 뒤 친구가 도착하면 꼭 이 말을 전해주세요. 친구를 조금도 원망하지 않고 갔다고 말입니다."

그런데 기적이 일어난다.

형 집행을 바로 눈앞에 두고 친구가 극적으로 나타난다. 옷은 찢어지고 신발도 벗겨진 채 만신창이가 된 몸으로 기어 오다시피 도착했다. 알고 보니 사형수는 어머니를 뵙고 돌아오던 길에 외나무다리가 하나 있었는데 갑자기 소낙비가 내려 다리가 떠내려가 버렸다는 것이다. 할 수 없이 그는 물속에 뛰어들어 헤엄쳐 오느라고 시간이 오래 걸렸다는 것이다.

이 이야기를 읽고 망치로 머리를 맞은 듯한 충격에 한동안 멍을 때렸다.
세상에 이런 친구도 있구나!

이 친구는 사형수 친구에 대한 신뢰가 얼마나 컸길래 자신의 목숨까지도 바꿀 마음을 낼 수 있었던가? 혹시 그 사형수 친구에게 어떤 큰 빚이라도 졌던 것일까? 설마 있다손 치더라도 현세에서의 빚으로는 어림없을 것 같았다. 필시 오랜 전생에 걸쳐 쌓은 연분이 있었을 터이다. 아마도 이 친구들은 후생에서도 서로 반갑게 만나 이 인연을 오랫동안 이어갈 듯싶다. 이 친구가 나중에 세상을 등질 때 사형수 친구는 저세상에서 두 팔을 활짝 벌리고 이 친구를 반갑게 맞이하지 않을까?

또 한 친구 이야기는 저자가 직접 경험한 이야기다(양순자, 《어른 공부》, 시루, 2022).
저자가 15년 전 고향 시골 군청에 근무할 때였다. 친구의 딸이 자동차를 살 때 보증을 섰는데 친구 딸이 할부금을 내지 않아서 집을 압류당하게 되었다. 큰돈을 마련할 수 없어서 걱정하다가 군내에서

약국을 운영하는 어릴 때 친구가 생각났다. 하지만 오랜 세월 소식 하나 없다가 불쑥 나타나 섣불리 부탁할 수 없어서 고민하다가 큰맘 먹고 사정 얘기를 했다. 얘기를 다 들은 친구가 말로만 듣던 백지 수표를 한 장 내놓으며 "순자야! 너 필요한 대로 다 써!"라고 말했다.

저자는 어안이 벙벙했지만, 발등의 불을 끄려고 필요한 액수를 다 썼다. 그랬더니 친구가 말했다.

"이제 고백이지만 나 너한테 빚이 있다. 초등학교 때 네 도시락을 단골로 훔쳐 먹은 애가 바로 나야! 오랜 세월 그 빚을 안고 살았는데 이제야 갚을 날이 온 것 같다."

이런 두 친구 얘기를 풀어놓으며 저자는 한마디 한다.
"이런 친구를 많이 가진 사람이 진짜 부자야. 제일 불쌍한 사람은 곁에 아무도 없는 사람이라는 걸 기억하라"라고.

저자의 말이 가슴속에 오래오래 여운을 남긴다.
월 마트의 창업자 샘 월튼도 죽기 전 삶을 돌아보니 친구라고 부를 수 있는 사람이 없었다며 인생을 잘못 살았다고 후회를 했다고 한다. 이런 친구 하나만이라도 있으면 온 세상이 나를 등지더라도 불행하게 살아가지는 않을 것 같다.

문득 한 정신과 의사의 말이 떠오른다.

자살을 시도하거나 우울증으로 심하게 고생하는 사람은 주위에 자기를 지지해 주고 응원해 주는 사람이 없기 때문입니다. 가족이나 친구 중에서 한 사람이라도 자기를 지지하거나 응원해 주는 사람을 만난다면 이런 일을 겪지 않을 수 있습니다.

이런 생각도 해봤다.

어쩌면 나에게도 이런 친구가 지금 내 주위에 있을지도 모른다. 다만 내가 모르고 있을 뿐이다. 나와 친구는 동전의 앞뒷면과 같다. 중요한 것은 내가 어떻게 생각하고 행동하느냐에 따라 이런 친구도 스스로 모습을 드러내는 게 아닐까?

모든 것이 나로부터 비롯되는 것이었다.
조그마한 깨달음이 왔다.

생활 수칙을 정하다

　일상에서 비록 사소한 것이지만 내가 할 수 있는 것만이라도 생활 수칙을 정하여 제대로 실천해 보고 싶다. 이 수칙 중 지금 실행하는 것도 더러 있지만 드러내어 앞으로 더욱 철저히 지켜보고자 한다. 이것은 나의 행복을 위한 것이며, 더 나아가 타인과 지구환경까지 이로움을 줄 수 있다면 더 바랄 나위가 없겠다.

○ **절제하는 삶**

　-하루에 아침과 점심 두 끼만 식사한다.
　-식사량은 포만감을 느끼는 양의 70% 수준으로 한다.
　-육식을 자제하고 채식의 비중을 늘려나간다. 2년 후에 채식주의자(vegetarian), 4년 후에는 비건(vegan)이 된다.

-머리 감을 때 샴푸나 린스를 사용하지 않는다.
-화장실에서 손 씻고 나서나 식당에서 식사 후 휴지 1장만 사용한다.
-설거지할 때 소량의 친환경 세제와 최소한의 물을 사용한다.
-겨울철 실내온도를 20도 이하로 유지하고 (내복이나 담요, 양말을 착용) 여름철 실내온도는 26도 이상으로 (통상 선풍기를 사용) 유지한다.
-전기제품을 쓰지 않을 때는 플러그를 뽑아놓는다.

○ 건강한 삶

〈몸 건강〉

-규칙적인 생활을 한다: 아침 5시 기상, 밤 11시 취침
-하루 100분(12,000보) 이상 걸으며 산책한다.
-하루 15개 층 이상 계단을 오르며 근육 강화 운동을 한다. 연말까지는 60개 층 달성을 목표로 한다.
-아침, 저녁 10분씩 잠자리에서 스트레칭을 한다.
-월 1회 이상 산이나 둘레길을 걷는다.

〈정신 건강〉

-글쓰기: 오전에 4~5시간 작업하여 매년 1권의 책을 펴낸다.
-책 읽기: 월 15권 이상 독서 하며 노트에 메모한다.

-친구 만남: 월 2~3명 만나 우정을 다진다.
-아침 글 쓸 때와 산책할 때 스마트폰을 멀리한다.
-기부: 월 2만 원 이상 자선 단체에 기부한다.
-바둑 공부: 하루 한두 시간 정진한다.
-유튜브 시청: 하루 두 시간 이하 강의를 듣고 음악을 감상한다.

행복을 선택하다

평소와 같이 오후부터 반나절 일을 시작했다. 그런데 얼마 지나지 않아 속이 불편하고 답답함을 느꼈다. 일터에서 잠깐 벗어나 층계참 난간으로 다가가 물끄러미 바깥 풍경을 바라봤다. 거리에는 낙엽으로 수놓인 멋진 양탄자가 깔려있었고 가을이 익어가는 기분 좋은 향기가 온몸으로 스며들어 오는듯했다. 눈을 감았다.

문득 입사한 지 얼마 안 되어 출장 갔던 영국 런던 하이드파크 근처의 숙소 뒷골목 풍경이 떠올랐다. 딱 이맘때였다.

이른 아침 눈이 뜨여 주섬주섬 옷을 걸치고 런던의 가을 찬 공기를 마시며 숙소 뒤 오솔길을 걷기 시작했다. 길 위에 소복이 쌓인 낙엽에서 서걱서걱 향기로운 소리가 났고, 런던 특유의 자욱한 안개 사이로 한 가닥의 실바람이 얼굴을 스치고 지나갔다. 나뭇잎들이 현란

한 춤을 추며 우수수 머리 위로 쏟아진다. 순식간에 바닥은 마크 로스코의 눈물 나도록 황홀한 주황으로 물들었고 나의 존재는 홀연히 사라졌다.

눈을 떴다.
그때나 지금이나 자연은 변함이 없다. 여름이 가면 가을이 오고, 가을이 오면 낙엽이 쌓이고, 한두 차례 추적추적 비가 내리고 나면, 찬 기운과 함께 겨울이 오게 될 터이다. 다만 변한 건 나의 경험과 욕망, 신념, 충동 등 '나 자신'이었다.
나를 돌아봤다. 지금 나는 어디로 가고 있는가? 진정 내가 가고 싶은 길을 가며, 하고 싶은 걸 하는 걸까?
정신이 번쩍 들었다.
이건 아니었다. 여긴 내가 있을 곳이 아니었다. 몽테뉴가 느지막이 몸담았던 '나만의 방'이 아니었다. 나는 거기 있어야 했다.
순간 결심했다.
지금 하는 일을 그만두기로. 앞으로 예정된 일감이 있었지만 미련 없이 포기하기로 했다. 이렇게 나는 기꺼이 나만의 행복을 선택했다.

삶은 선택의 연속이었다.
내가 어떤 길을 선택할 때는 또 다른 길은 포기해야 했다. 세상에 공짜는 없는 법이니 반드시 비용을 치러야 하는 것. 정신적 자유를 얻는 대신 물질적 충족, 편하고 안전한 삶은 기꺼이 포기해야 하는 것이었다.

저마다 주관적인 행복의 기준이 다르겠지만 나의 경우 물질보다는 정신을, 세상이 정한 잣대보다는 나만의 신념을, 그리고 미래보다는 현재의 즐거움을 만끽하는 삶에 더 행복을 두고 싶다.

그리고 '남에게 대접받고자 하는 대로 너희도 남을 대접하라'는 황금률을 기꺼이 따르고자 한다. 이런 삶이 궁극으로 나의 행복으로 이어진다는 것은 굳이 종교인이 아니더라도 직감적으로, 본능적으로 알 수 있다. 이것이 인간의 본성이기 때문이다. 이는 다윈의 진화론이나 칸트의 정언명령(행위의 목적, 형식, 결과에 상관없이 무조건 지켜야 할 도덕적 명령), 또는 현대의 심리학 이론과도 전혀 상충하지 않는다.

이렇게 타인과 더불어 조화롭게 지내며 사랑하고 관용을 베푸는 것이 나에게 이익이 되고 나를 행복하게 한다는 것은 인간의 오랜 진화과정이나 선인들의 지혜를 통해 체득한 값진 자산이기도 하다. 우주적 관점에서 이 세상은 하나의 인다라망으로 연결되어 있기 때문이다.

갈수록 세상살이가 여유가 없어지고 팍팍해진다고 한다.
왜 그럴까?

우리가 생업에만 매달리지 말고 틈틈이 역사를 공부하고, 톨스토이나 헤르만 헤세의 글을 읽고, 비틀즈의 음악을 듣고, 모네의 그림을 감상하는 여유로운 삶을 살게 된다면 좀 나아지지 않을까? 인간에 대한 폭넓은 이해와 세상을 보는 깊은 안목이 생긴다면 지금보다 더욱 살맛 나는 세상이 될듯싶다.

미국 자연주의 시인 랄프 왈도 에머슨이 "아이를 건강하게 기르든, 한 뙈기의 정원을 가꾸든, 사회 환경을 개선하든, 내가 태어나기 전보다 이 세상을 조금이라도 살기 좋은 곳으로 만드는 것, 이것이 진정한 성공이다"라고 했던 말이 생각난다.

그렇다!

삶의 주인으로서 신념에 따라 내가 진정 잘 할 수 있는 것과 하고 싶은 것을 통하여 주어진 현실을 즐기면서 이 세상을 좀 더 나은 곳으로 만드는 것이 곧 나의 진정한 행복이요, 나의 존재 이유일 터이다.

집으로 발걸음을 옮기는 내내 미국 싱어송라이터 존 덴버의 부드러운 목소리의 노래 가사의 울림이 가슴을 촉촉이 적신다.

…난 어제의 영광으로 만족할 수 없답니다. 겨울이 가면 봄이 오리라는 그런 약속으로 살 수도 없구요. 오늘이 바로 중요한 순간이고, 그리고 지금이 나만의 얘기가 있는 그 순간입니다. 난 웃고 울고 그리고 노래 부르겠습니다.
(출처: 존 댄버(John Denver)의 노래, 〈Today〉, 1999 중)

오늘은 내 인생에서 가장 젊은 날이니
이 오늘을 어찌 허투루 보낼 수 있겠는가.
나는 기꺼이 오늘 행복을 선택했다.

다정한 캡틴

새벽에 잠이 깨어 화장실에 가게 되었다.

밤늦게 마신 머그컵 한 잔의 물이 원인인 듯했다. 일을 보면서 문득 이런 생각이 들었다.

> 내가 자는 동안에도 몸속은 쉬지 않고 돌아가고 있었구나. 몸속 장기들이 각자 맡은 임무를 열심히 수행하고 있었네. 더군다나 심장의 경우는 모든 혈관에 피를 공급하느라 한순간도 한눈팔지 못하고 펌프질을 쉼 없이 계속하고 있지 않은가.
>
> 주인이 저녁을 과식하면 그만큼 이들의 수고도 늘어나게 되고, 혹시라도 주인이 상한 음식을 먹게 된다면 나쁜 세균을 배출하려고 한바탕 비상이 걸려 더 분주해지겠구나.

이렇게 생각을 하니 게슴츠레했던 눈이 확 뜨이고 정신이 번쩍 들었다. 몸을 들여다보며 연민의 눈길을 보낸다.

  살아오면서 병으로 크고 작은 수술을 몇 번이나 치르지 않았던가? 이들에게 많은 빚을 졌기 때문에 더욱 고마운 마음이 밀려온다. 그동안 여러 차례 몸에 관심을 가지고 보살피며 살겠다고 결심을 했건만 이렇게 강렬하게 느껴본 건 처음인 것 같다.

  그날 새벽의 색다른 체험 이후 몸에 대한 관심의 초점이 바뀌었다. 그동안 건강에 대한 일반적이고 거시적인 것에 관심을 두었다면 그날 이후에는 몸을 구성하는 기관이나 장기 하나하나에 대한 미시적 관심으로 변하였다고나 할까?
  이렇게 비유할 수도 있을 것 같다.
  내가 배의 캡틴이라고 했을 때 그동안은 캡틴으로서 배가 안전하게 운행되는지, 또는 방향을 제대로 잡고 가는지에 관심이 있었다면, 이제는 배의 안전을 책임지고 있는 선원들이 각자 업무 수행에 필요한 기능을 잘 숙지하고 주어진 역할을 잘 수행하는지, 세심하게 관심을 기울이게 된 것이다.

  며칠 전 친구 아들 결혼식에 갔다가 식사를 하던 중 욕심을 부려 과식을 하게 되었다. 뷔페식당이었는데 평소 맛보지 못한 요리가 식탐을 불러 통제를 잃게 되었고 급기야 걷기에 불편할 정도가 되었다. 식당을 나와 시내 가로수길을 걷기 시작했다.
  한참을 걸어가다 뱃속을 가만히 들여다보았다.
  주인이 먹은 음식을 처리하느라고 아이들이 각자 맡은 역할에 따라 쉬지 않고 바쁘게 움직인다. 한 마디 불평도 없이.

미안했다. 욕심 많은 주인을 만나 고생하는구나. 이 아이들을 더 이상 힘들게 해서는 안 되겠구나.

가던 걸음을 멈추고 아이에게 마음을 모으고 가만히 바라봤다. 그리고 다시는 어리석은 캡틴이, 아이를 힘들게 하는 캡틴이 되지 않겠다고 다짐했다. 다정한 캡틴이 되기로 약속했다.

이 일을 겪고 나서부터 또 한 차례 아이들을 보는 눈이 달라졌다.

틈틈이 아이들이 불편한 건 없는지, 내가 뭘 해주면 좋아할지를 생각하게 되었고 신문에 나오는 건강 관련 기사 중 인체의 각 기관에서 수행하는 기능과 문제점 개선에 관한 기사를 꼼꼼하게 오려 스크랩하게 되었다. 스크랩한 기사 중 인상 깊었던 글을 모아서 정리해 봤다.

우리나라는 OECD 38국 가운데 평생 기대수명이 10년 만에 19계단 뛰어올라 일본에 이은 2위를 기록했는데(2022년 OECD 보건통계) 문제는 '건강수명'이었다. 통계청에 따르면 질병이나 부상으로 고통받는 기간(유병기간)을 제외하고 건강한 삶을 유지한 기간은 66.3년에 그쳤다(2020년 기준). 즉, 기대수명 83.5년 가운데 17.2년은 병으로 고생한다는 사실이다. 또한 이렇게 유병 기간이 늘어남으로써 장수에 따른 가계 의료비 부담도 OECD국에 비해 상대적으로 높아졌다고 한다.

(출처: 조선일보, '병든 채로 17.2년...', '22.7.27.)

끔찍한 현실이다.

나의 경우 나이가 들어가면서 제일 염려가 되는 병이 치매다. 나이 들어 기억을 담당하는 뇌 속 해마 부위가 축소되면 치매 환자처럼 잘 까먹거나 인지 기능이 떨어지는 증상이 보인다고 한다. 그래서 치매를 예방하거나 늦출 수 있는 정보에 더욱 민감해진다.

여러 가지 정보를 종합해 보면 해마를 재생하고 인지 기능을 항진시킬 수 있는 손쉬운 방법은 바로 운동이라고 한다. 더구나 운동 후에 뇌가 아닌 골격근에서도 뇌 유래 신경영양인자가 나온다는 연구 결과도 나왔다고 한다.

최근에는 치매에 걸린 쥐에게 매일 수영을 시켰더니 기억력이 회복되었다는 사실도 발견되었다고 한다. 또 한 가지 반가운 내용은 쓰고, 보고, 듣기를 통해 기억이 강화되는데 운동은 이 과정에 관여하는 시냅스 단백질도 늘린다는 사실이다.

결론은 '운동'이다.

육체와 정신은 긴밀하게 연결되어 있으니 하루 대부분 시간을 정신활동에 보내는 나야말로 운동의 효과를 제대로 볼 수 있을 것 같다. 욕심부리지 않는 식습관과 꾸준한 운동으로 몸속 아이들과 더불어 한바탕 즐겁고 건강하게 살고 싶다.

언제부턴가 잠자리에 들어서면 하루를 돌아보고 수고한 나를 토닥여 주게 되었다. 또한 몸속에서 밤낮으로 수고하는 주요 기관이나 장기를 생각하며 감사의 메시지도 보내게 되었다.

이렇게 나는 다정한 캡틴이 되어가고 있었다.

첫걸음마의 기적

수원 큰아들네에 갔다.

지난번 아들이 우리 집에 온 지 열흘도 채 되지 않아서 벌써 손녀딸을 보고 싶었던 차에, 새로 이사한 집을 구경한다는 명분으로 나들이를 하게 되었다.

새 아파트라 외관이 깔끔했다. 이 방 저 방을 둘러봤다. 아직 짐 정리가 안 되어서 어수선했지만, 새집으로 이사 온 기쁨에 살짝 달뜬 표정들이다. 문득 우리 부부가 결혼하여 9년 만에 새집으로 들어갔을 때 기억이 주마등처럼 스친다. 그때의 기쁨을 지금 아이들도 만끽하고 있을 터이다.

저녁 식사 후 거실에서 보고 싶었던 손녀딸 예린이의 재롱이 펼쳐졌다.

표정 하나, 동작 하나마다 우리의 웃음을 자아낸다. 이렇게 시간을 보내던 중이었다. 아이가 장난감을 가지고 놀다가 꼼지락거리며 일어섰고 이어서 발을 내딛는다. 아이 아빠는 행여나 넘어질세라 얼른 다가가서 한 손을 잡아주다가 손을 슬쩍 놓아보았다. 아이는 살짝 비틀거리며 또 한 걸음을 걸었다. 나는 재빨리 아이의 앞쪽으로 가서 이리 오라고 손짓했다. 아이는 넘어질 듯한 몸을 가까스로 균형을 잡더니 한 걸음 더 내딛는다.

와~

우리는 손뼉을 치며 추임새를 넣었고 아이는 그 넓은 거실을 가로질러 한 땀 한 땀 걸음을 옮겨갔다. 우리는 감격하여 손뼉을 치며 환호했다.

아이도 아빠의 손을 잡지 않고도 걷게 되어 신기하다는 표정을 지으며 빵긋 웃음을 날린다. 마치 "와~ 해냈어요. 이젠 혼자서도 걸을 수 있어요."라고 말하듯이.

나는 예린이의 초롱초롱한 두 눈을 들여다보며 마음을 전했다.

    예린아! 이제 넌 자유다.
    이제부터는 네가 가고 싶은 데로 마음껏 가렴.
    그 누구도 너의 자유를 빼앗을 수 없단다.
    너의 자유는 신성한 것이니 즐겁게 누리도록 해요.

문득 아이가 '잡고 서기'에 처음 성공했을 때가 생각났다.

처음 '눈 맞추기'에서 '뒤집기', '우유병 잡기', '기기' 단계를 거쳐 처음으로 책상 모서리를 잡고 우뚝 섰을 때의 감격은 대단했다. 이 순간을 지켜본 식구들은 일제히 환성을 질렀고 박수갈채를 보냈다.

이제는 한 걸음 더 나아가 혼자서 걸을 수 있게 된 것이다. 아이가 스스로 걷기 시작한 이 날은 아이가 세상에 온 지 꼭 14개월째 되는 날이었다.

혼자 자유롭게 걸을 수 있다는 건 실로 의미심장한 일이다. 자신이 가고 싶은 곳을 자기만의 힘으로 갈 수 있다는 의미이며, 세상 속에서 독립적으로 존재하는 것이 가능하다는 첫 신호이기 때문이다. 이 첫걸음은 앞으로 부모의 품에서 벗어나는 첫걸음이 되고, 또 사회로 첫발을 내디디며 자립하는 첫걸음으로 쭉 이어질 것이다.

얼마 전에 도서관에 갔다가 신착 도서를 살펴보던 중 육아 관련 서적 한 권을 빌려왔다. 저자는 열네 살과 열 살 아이들의 엄마인데 아이를 키우면서 겪었던 희로애락이 책 속에 잘 담겨 있었다. 특히 인상 깊었던 내용은 내가 일전에 경험했던 첫걸음마에 대한 감동을 이 책의 저자도 똑같이 경험한 것이었다.

> 갑자기 일어난 일이라 일단 기쁨에 소리를 지르고 얼싸안아주었다. 아이도 기쁘고 신기한지 소리를 지르며 연신 손뼉을 치고 깔깔댔다. 아이 키우는 엄마들에게 제일 감격스러운 순간이 첫걸음마를 뗄 때라더니 나 역시 그랬다.
> (출처: 강나영, 《최선의 육아》, 폭스코너, 2022)

아이 키우는 엄마의 심정이 고스란히 느껴졌다. 저자는 엄마가 되는 것은 인생의 제일 큰 도전이라고 했다.

그렇다. 아이를 키운다는 것은 하나의 세계를 창조하는 일이며 이에 따른 고통까지 모두 아우른다는 걸 의미하기 때문이다. 그래서 우리는 세상의 모든 엄마를 신성하고 위대하게 생각하는 게 아닐까?

엄마가 아이를 키우다 보면 마음의 안정이나 평화는 딴 세상 얘기가 될듯싶다. 훈육하다가도 감정을 추스르지 못해 소리 지르고 화내게 되고, 그러고 나면 후회가 되기 일쑤이니 평범한 일상 자체가 언감생심이 되는 엄마의 고충이 쉬이 읽힌다.

> 이 우주의 먼지 같은 나에게 온몸을 기대는 아이.
> 이 순간 아이에게 난 우주, 온 세상일 터.
> 세상이 무너지면 안 되지. 잘 지켜야겠다.

책 속 엄마는 이렇게 스스로 다짐을 하며 마음을 추스른다.

문득 지난날 바쁜 회사생활을 핑계로 야근을 밥 먹듯이 하며 아내와 아이들에게 소홀했던 때가 생각났다. 내가 부끄러웠다.

나는 요즘도 간간이 아내의 푸념 소리를 듣곤 한다. 나에 대한 불평거리가 있을 때면 으레 따라오는 얘기가 있다. 옛날 두 아이를 혼자서 좌충우돌 돌보며 힘들었던 기억을 쏟아내는 것이다. 처음에는 현재 상황과는 전혀 딴 얘기를 한다고 당혹해하곤 했지만, 언제부턴가 아내의 푸념을 진심으로 이해할 수 있게 되었다. 더 나아가 아내의 내면 아이 등을 토닥이며 부드럽게 위로의 말도 전할 수 있게 되었다.

느지막이 이제야 겨우 철이 든 것이다.

젊었을 때 철없던 나를 돌아보고 연민의 미소를 지으며
세상의 모든 엄마에게 엄지척을 보내는 나를 본다.

나는 우리 집 대통령

나는 우리 집 대통령
내 이름은 최예린
나이는 두 살(14개월)이다.

나의 빵긋 웃음에 모두가 웃고
나의 살짝 찡그림에 모두 긴장한다
내 맘대로 할 수 있어 정말 좋다.

내가 아빠 침대에 가까스로 올라간 순간
나의 용기 있는 도전에
사람들은 모두 손뼉을 친다
기분이 짱이다.

아빠는 내 스케줄 짜느라고 바쁘고
엄마는 내 치다꺼리하느라 분주하다
모두가 나를 위해 수고가 많다.

어제는 어린이집 놀이방에 가서 같이 놀아주고

오늘은 건강 체크하기 위해 병원에 가야 하고
주말에는 할머니 댁에 인사차 들러야 한다.

빡빡한 일정에 피곤하지만
우리 집 대통령이라 안 할 수도 없다
하지만 처음 경험해 보는 것이라
신기하고 너무 재미있다.

살짝 얘기하는데
불만도 없진 않다
우리 아빠는 무척 바쁜 것 같다.

아침 눈뜨면 집에 없고
저녁에는 늦게 집에 오신다
아빠하고 더 많이 놀고 싶다.

우리 엄마도 좀 덜 바빴으면 좋겠다
내 우유병 챙기랴, 놀이방 안내하랴. 내 응아 처리하랴 힘들어 보여 안쓰럽다.

임기가 언제까진 줄 모르지만
대통령은 오래오래 하고 싶다
짱 재미있으니깐.

다정한 일상

회양목 속 멋진 집에
객들만 가득하네
주인은 어딜 갔을까

친구를 만나러 가기 위해 정류장에서 버스를 기다리고 있었다.
시간이 남아 주위에 눈길을 주다가 뭔가가 눈에 띄었다.
아파트 담 옆 나지막한 회양목 사이로 아침 햇살을 받아 반짝반짝 빛나는 게 있었다. 예쁘고 아담한 거미줄이었다.
반가웠다.
인사나 나누려고 집주인을 찾아봤다. 두리번두리번 고개를 돌려 살펴봤지만 보이지 않는다.

어딜 갔을까?

집 안에는 주인은 간데없고 여기저기 객들만 가득하다.

멋진 집을 구경하러 왔다가 다들 꿈적도 하지 않고 주인만 기다리고 있다.

나는 거미와 친숙하다.

하루에도 몇 번씩 그의 집을 보고 있으니 거미와 함께 사는 셈이다.

책상 위에는 예쁜 무궁화로 장식한 거미집이 펼쳐져 있고, 벽에는 아침 햇살에 영롱한, 우주를 담은 멋진 거미집도 걸려있다. 거미 사진을 즐겨 찍는 친구가 선물해 준 사진들이다.

또 나는 거미를 잘 안다.

얼핏 보기에 징그럽고 무섭게 생긴 외모 때문에 사람들은 비호감으로 생각하지만, 알고 보면 정갈하고 따듯한 친구다. 집은 언제나 청결하게 꾸미고 아이들을 헌신적으로 돌본다. 자신에게 부여된 본능에 충실하고 엄마로서 책임을 다한다. 참으로 기특한 친구다.

버스를 타고 가면서도 집주인의 묘한 행방에 머릿속이 분주하기만 하다.

살 에는 비바람에
잔뜩 웅크린 나무
불평 한마디 없네

　겨울의 진면목을 맛보기 위해, 아니 곧 다가올 봄바람의 훈훈함을 절감하기 위해 두꺼운 털점퍼를 걸치고 산책길에 나선다.
　대한(大寒) 추위는 과연 매서웠다.
　긴 밤의 동지를 지나 코앞에 입춘을 바라보며 동장군(冬將軍)의 마지막 서슬 시퍼런 추위가 살을 파고든다.
　길가에 옷 하나 걸치지 않고 당당하게 서있는 나무들이 눈에 들어온다.
　저 나무들도 감각이 있으니 필시 추위를 느낄 터인데 어쩌면 저렇게 의젓할까?
　다가가 그들을 바라본다.
　손을 뻗어 나무 밑동 줄기의 껍질을 가만히 더듬어보았다. 줄기의 껍질 사이로 움푹움푹 들어간 상처의 흔적과 깊이 파진 골 틈으로 차가운 냉기가 스멀스멀 올라온다. 이 상처들이 있어서 그동안 수많은 잎새와 꽃을 피우고 열매를 맺을 수 있었다고 생각하니 상처 하나하나가 참전유공자처럼 거룩하게 보인다.

  연민이 몰려왔다.
  그동안 겉으로만 슬쩍 보고 임의로 그들을 속단해 왔다. 그들의 내면은 제대로 헤아리지 못하고 마치 잘 아는 친구처럼 입으로만 떠벌려 왔다.

  자신의 본성을 알고, 자연의 순환 원리에 순응하며, 한마디 불평도 없이, 오롯이 껴안고 버텨나가는 의연함에 고개가 숙여진다. 진정한 강함은 이런 게 아닐까?
  얼마 전 읽었던 책 속에서 한 예언자가 말했던 한 구절이 생각났다.

> 진정한 강함이란 자신이 약한 존재임을 알고 있는 거네. 우리는 빛과 그림자가 공존하는 존재일세. 빛과 그림자, 이 둘이 공존한 존재가 자신임을 아는 것, 그것이 바로 진정한 강함을 수반하고 올 걸세.
> (출처: 도네 다케시, 《깨달음을 얻은 개》, 강소정 역, 21C문화원, 2022)

  가던 길을 걷고 있으려니 어디선가 수행이 깊은 선승(禪僧)의 목소리가 들리는 듯하다.

기뻐하되 기쁨에 물들지 않고
절망하되 절망에 물들지 않는다.
슬픔 속에 서있으면서도
슬픔에 젖지 않는 삶이야말로
진정 가뿐한 삶이다.

사랑한다는 건
내가 가뭇 사라지고
미소 한 자락만 남는 것

오늘은 애인과 데이트하는 날이다.

아침에 모처럼 수염을 깎고 머리를 감고 칫솔로 꼼꼼히 이를 닦는다.

만나면 무슨 말을 할까?
그녀는 어떻게 반응할까?

살짝 설렌다.

들판을 건너고 산길을 따라가다 땅속 길을 지나 마침내 수원 외곽의 반월마을에 도착했다. 200여 년 전만 해도 한 번 가려면 온종일 걸리는 거리를 시절 잘 만나, 채 두 시간도 안 되어 오게 되었다. 감사하는 마음으로 문을 열고 들어갔다.

애인은 벌써 입구에 서서 나를 반긴다. 빵긋 웃는 미소 한 자락에 오느라 살짝 지친 몸에 생기가 돋고 입가가 씩 올라간다. 양팔을 활짝 벌리고 애인의 몸을 폭 감싸 안는다.

"보고 싶었지? 나도 보고 싶었어!"

나의 존재는 사라지고 하나 된 우리는 말없이 조용히 그 순간을 즐겼다.
따스한 햇살이 부러운 눈으로 멀찌감치 우리를 바라보고 있었다.(애인은 나의 손녀딸이다)

일상이 행복이었네

초등학교 다닐 때
어서 커서 어른이 되어
보고 싶은 영화도 실컷 보고
읽고 싶은 책도 맘대로 읽고 싶었다.

좀 더 커서는 어서 졸업해서
지긋지긋한 시험도 안 봐도 되고
어른들 잔소리에서 벗어나고 싶었다.

드디어 세월이 흘러 결혼을 하니
날짜가 후닥 지나가 주말이 오길 기다렸다.
집에서 애들과 맘껏 놀고 싶어서.
또한 돈 쓸 일은 많은데 예산은 금세 바닥이 났으니
봉급날이 오기를 손꼽아 기다렸다.

이젠
보고 싶은 영화도,
읽고 싶은 책도 원 없이 보고

시험 볼 일도, 누구의 잔소리도 들을 일이 없다.

그뿐인가?

같이 놀 아이들도 곁에 없고
돈 쓸 일도 없어지니
봉급에 목맬 일도 없다.

욕망도 걱정도 사라지니
삶도 서서히 막을 내리고 있다.

이제야 알았다.

지지고 볶는 일상이 바로
삶의 진실된 모습이요

일상의 소소한 욕망이
살아가는 동력이었다는 걸.

전장의 포화 속에서도
들판 한 녘에 피어나는
한 떨기 노오란 민들레꽃처럼

일상 매 순간 기꺼이 살아가다
문득 짓는 반짝이는 미소가
진정한 행복이었네.

성찰의 시간

나에 대한 사랑

아침에 잠에서 깨어나 시간을 보니 9시나 되었다. 평소 5시에 눈을 떠 활동을 시작했는데 웬일인가 싶다. 어제는 평상시처럼 11시에 잠이 들었는데, 몸의 이상행동이 이해되지 않았다.

그런데 예전 같았으면 귀중한 아침 시간이 4시간이나 깨졌다고 자신에게 화를 내며 호들갑을 떨었을 터인데, 오늘은 나도 모르게 왠지 잠잠하다. 어찌 된 일일까?

자신을 향해 연민의 눈길을 보내며 위안의 말을 건네는 나를 본다.

어제는 힘들었구나. 온종일 책 읽고 글 한 편 쓰느라 너를 제대로 돌보지 못했어. 게다가 근육을 키운답시고 계단 오르기에다 상체 아령 운동까지 평소의 두 배나 했으니 오죽했겠니? 미안하구나!

모임에 나가면 친구들로부터 '나이가 드니 몸이 옛날 같지 않다'는 말을 자주 듣게 된다. 나 역시 신체의 기능이 떨어지고 감각이 무뎌지는 것을 통감한다. 생명을 가진 존재라면 당연히 치러야 할 자연스러운 현상이다. 애써 부정하지 않고 기꺼이 수용하고 싶다. 열심히 살아왔다는 걸 말해주는 증표일지도 모른다. 몸의 투정을 부드러운 눈길로 받아들이고 에고의 욕심에 따끔한 일침을 가한다.

　　그동안 몸이 나를 위해 얼마나 열심히 뛰어왔니?
　　이제는 조금씩 속도를 늦추고 틈틈이 휴식을 취하도록 배려하자.
　　몸과 조화롭게 지내야지, 그래야 더불어 오래 지낼 수 있단다.

　나는 아직도 나에 대해 모르는 게 많다.
　몸이 어떤 음식을 먹을 때 특히 좋아한다거나 또는 무엇을 하게 될 때 싫어하는지, 또 정신은 어떤 상태일 때 지극한 행복감이나 기쁨을 느끼고 혐오감을 느끼는지, 반세기 이상을 함께 지내왔음에도 알 듯 모를 듯하다. 그것은 자신에게 관심을 가지고 충분히 배려하지 않았다는 방증이 아닐까 싶다.
　돌아보면 그동안 나는 자신의 장점보다는 단점을 더 눈여겨보고, 결점에 대하여는 날카로운 결을 세우고 매섭게 밀어붙이지 않았던가? 책에서 본 이상적인 완벽한 인간을 잣대로 나를 비교하고 평가하며 닦달해 왔다.
　어릴 때 서울로 유학하여 성인이 될 때까지 일기장을 들춰보면 잘한 것보다는 잘못한 것에 대한 죄책감이나 후회, 반성, 다짐 등의 말들로 도배된 걸 보게 된다. 무엇이 어린아이의 어깨에 이렇게 무거운 짐을 지게 했을까? 대학생이 되어 책을 읽고, 사회 경험을 쌓아감에 따라 조금씩 나아지기는 했지만 어릴 적의 내면 아이는 많은 심적 부담으로 상처를 받았을 터이다.

  나는 연민의 눈으로 내면 아이를 바라보며 한마디 위로의 말을 건넨다.

> 그래, 많이 힘들었지?
> 이제는 괜찮아! 그 어떤 것도 너에게 상처를 주지 못하게 할게.
> 걱정, 불안, 두려움 모두 벗어버리고 활짝 웃으렴!

  나는 눈물로 얼룩진 아이의 얼굴을 가슴에 폭 안고 등을 부드럽게 토닥인다. 아이는 서서히 얼굴을 들고 잊어버렸던 화사한 미소를 되찾고 나를 쳐다본다.

  문득 조간신문에서 본, 한 정신과 의사의 말이 떠오른다.

> 우리는 코로나와 전투를 치르며 에너지가 격하게 소진되었다. 지금은 '자기 미움이 아닌 자기 추앙'이 적극적으로 필요한 시기이다. (중략) 나에게 핀잔을 주면서 잠시 현실에서 도피하게 만드는 자기 미움은 가뜩이나 지친 마음에 한 번 더 내상(內傷)을 줄 수 있다. (중략) 남은 인생 중 가장 젊은 날인 바로 오늘, '내가 나를 추앙한다'는 강력한 포옹이 필요하다.
>   (출처: 윤대현, 〈자기 미움보다 자기 추앙이 필요한 시기〉,
>   '윤대현의 마음속 세상풍경' 조선일보 '22.10.4.)

나는 언제부턴가 추앙까지는 아니라 할지라도 나를 미워하거나 비하하지는 말고, 있는 그대로 사랑하며 존중하고 배려하려고 한다. 아침에 일어나서는 간밤의 몸과 마음의 상태를 살피고, 저녁에 잠자리에서는 그날 하루를 돌아보며 수고에 고마움을 전하고 있다.

그렇다. 사랑은 우리가 본래부터 가지고 있는 소중한 감정이다. 자기를 사랑하는 것은 너무나 자연스러운 감정이다. 그러나 우리는 자기를 사랑하는 데 조건을 단다. 내가 원하는 걸 제대로 했을 때만 사랑의 마음을 내는 것이다.

이건 진실한 사랑이 아니다. 그래서 우리는 본성과는 분리되어 두려움과 불안에 사로잡히게 되고, 본성에 왜곡된 불행을 자초하게 되는 게 아닐까?

인간은 불완전하기에 시행착오를 거듭하며 성장할 수밖에 없음을 인정하면서도, 맞닥뜨리는 시련의 고통에서 맛보는 작은 기쁨 부스러기에 버텨나가며 살아가야 하는 존재다. 그래서 우리는 더더욱 삶에 사랑과 존중의 응원을 아끼지 말아야 한다.

나이 많으신 어르신이 구부정한 허리를 지팡이에 의지하며 힘들게 걷는 모습을 길거리에서 자주 뵙게 되는데, 볼 때마다 연민과 존경심을 내게 된다. 육체의 고달픔에도 불구하고 자신만의 삶을 꿋꿋하게 그려 나가는 용기에 박수를 보내지 않을 수 없다.

그뿐인가? 우리 동네 나이 많은 몰티즈(14살) 어르신을 볼 때도 그런 감정이 일어난다. 그 어르신이 산책할 때, 느릿느릿한 발걸음을 떼며 힘들어하는 모습을 보면 같은 생명체로서 삶의 운명적인 동질감을 느끼게 된다.

여유롭고 열린 마음으로 나 자신부터 사랑하고 존중한다면 나의 사랑과 존중은 곧 주위 사람들이나 동식물에 대한 사랑과 존중으로 연결되어 결국 온 세상은 행복 바이러스로 충만하지 않을까.

오늘 밤 잠자리에서는 나에게 어떤 칭찬을 해줄까.
행복한 고민을 해본다.

친구를 둘러보다

나의 삶에서 친구란 어떤 위상과 의미를 가지고 있을까?

살아오면서 다양한 시점에 다양한 곳에서 인연으로 맺어진, 다양한 개성과 색깔을 지닌 친구들의 얼굴이 하나씩 머릿속을 스쳐 지나간다.

지금도 인연을 이어가고 있는 친구 중에서 S자로 시작되는 성을 가진 친구 6명을 떠올려본다. (왜 하필 그 성을 가진 친구냐고 묻는다면, 그냥 어깨를 들썩해 보일 수밖에 없다. 그냥 그렇게 하고 싶었으니까)

모두 30년 이상 길게는 50년이 된 오래된 친구들로서 지금도 꾸준히 소통하고 있다. 짧게는 매일 문자를 주고받는 친구가 있는가 하면, 분기에 한 번 정도 주고받는 친구도 있다. 이들을 편의상 A, B, C, D, E, F로 구분하여 불러본다.

A는 아름다운 항구가 있는 Y시에 사는 군대 친구다. 혈기 왕성한 시절에 젊음을 함께한, 정이 많은 조용한 친구다. 지금도 매일 아침 카톡으로 내 안부를 물으며 나를 깨우는 친구다. 내달 초 서울에 온다고 하는데 만날 기대에 설렌다.

B는 대학 동료다. 도서관 앞 잔디밭에서 그 당시 참담한 정국 속에서도 꿈과 열정을 잃지 않고 서로를 격려하며 대화를 나누던 기억이 새롭다. 인생 2막을 야심 차게 전개하는, 에너지 넘치는 친구다. 얼마 전 꽃과 바다가 어우러진 그의 농장에 갔던 추억도 모락모락 피어난다.

다음 C는 입사 후 첫 근무지에서 만나 인연을 맺게 되었는데 그 후 근무지가 달라 한동안 연락을 못 하다가 느지막하게 다시 활발한 소통을 하게 되었다. 세월은 흘렀지만 옛 정서를 고이 간직하고 있는, 진실하고 성실한 친구다. 내달 출판되는 그의 자서전이 자못 기대된다.

D는 직장 동료로서 직장 생활의 희로애락을 오랫동안 같이 하며 우정을 쌓아왔다. 가족을 동반한 해외 연수를 함께한 후 정기적으로 부부동반 모임도 갖는데, 올 연말 그의 차남 결혼을 앞둔, 변함없고 믿음직한 친구다.

E는 고향 친구이자 고등학교 동창으로 틈틈이 만나 바둑을 두고 산행도 하는 허물없는 친구다. 요즘은 손녀들의 재롱에 흠뻑 빠져있

어서 얼굴 보기가 쉽지 않은, 정이 많고 마음이 따뜻한 친구다.

 마지막으로 F는 직장 연수원에서 장기 어학연수를 하며 알게 된 친구다. 서로 신앙과 삶의 철학을 공유하며 허물없이 생각을 주고받다 보면, 시간 가는 줄 모른다. 헤어지면 또 보고 싶은, 소중한 친구다.

 우리는 현재 각자 서로 다른 삶의 현장에서, 서로 다른 개성과 재능을 갖고 자신만의 삶의 서사를 쓰고 있다. 그 서사가 평탄하든 자갈밭이든, 제대로 꽃을 피웠든 부실한 열매를 맺게 되었든, 상관없다. 우리의 우정은 생생한 삶의 흔적이기 때문에 그 자체로 향기롭고, 만남만으로도 즐겁다. 더욱 흡족한 것은 우리 모두 주어진 재능과 개성에 따라 어느 친구는 학교 선생님으로, 어느 친구는 조그마한 사업가로, 또 어느 친구는 직장의 샐러리맨 등으로 각자 충실하게 살아왔다는 점이다.
 우리는 나이 들어 더욱 겸손해졌고, 세상일에서 한 걸음 떨어져 초연한 군자가 되었다. 젊었을 때 옳고 그른 것과 진실과 거짓을 구분하는, 냉철한 분별심이 있던 자리에는 어느새 모든 것이 허용되는 너그러운 관용이 자리 잡았다.
 또한 우리가 나누는 대화 주제는 거창하거나 산만하지 않고, 소박하면서도 진지하지만 무겁지 않다. 젊은 시절에는 무심히 지나쳤던 우리의 이야기들이 이제 나이 들어 그 속에서 새삼 의미를 발견하고 감회에 젖곤 한다. 소복하게 쌓인 세월의 먼지를 툭툭 털어내다 보면 추억의 알갱이들이 여기저기서 뽀얗게 반짝이며 드러난다. 추억 속의 나는 갖가지 이미지로 재현된다.

소풍 가서 나무에 기어올라 사진 찍기에 정신이 팔린 풋풋한 고등학생이었다가, 얼굴을 덮을만한 큰 안경을 걸치고 교정 게시판에 고전 음악감상회 포스터를 붙이던 더벅머리 대학생이 되기도 하고, 하사 계급장을 달고 작전 수행에 여념 없는 패기 넘치는 군인이 된다.

이렇게 우리의 이야기들로 꽃을 피우며 한바탕 웃음이 터지고 시간이 흘러 썰물 때가 되면 우리는 추억의 장에서 조용히 빠져나와 다시 현실로 복귀한다.

친구와 나는 서로의 얼굴을 천천히 들여다본다.

희끗희끗한 머리카락이 한 올씩 늘어나고, 이마의 주름은 더욱 선명해지고, 뺨 위에는 처음 보는 검은 반점들이 아른거린다. 건강수명이 앞으로 10여 년 남았다고 보면, 이제는 모두 일에서 훌훌 털고 일어나 저무는 해를 바라보며 아름다운 귀향을 위해 서서히 채비할 때가 되었다.

언젠가 때가 되면 하나씩 귀향길에 오르게 될 것이다. 그 마지막 길에서 잠시 우리 만남의 순간을 회상하게 될 줄도 모른다. 평안함과 따뜻한 마음, 그리고 유쾌한 대화가 오갔던 기억을.

나는 마지막 순간까지 읽고 싶은 책을 읽으며, 쓰고 싶은 글을 쓰면서 귀향하고 싶다. 소독약 냄새나는 병원 신세도 지지 않고 보살핌의 요청도 없이 소박하고 조용하고 자연스러운, 그런 귀향을 하고 싶다.

어느 경험 많은 호스피스는 말했다.

"사람들이 죽을 때 가장 후회하는 5가지 중 하나는 '친구들과 계속 연락하고 지냈더라면' 하는 것이다"라고.

아마도 나는 귀향할 때 후회는 하지 않을 것 같다.
이렇게 좋은 친구들이 내 옆에 있으니까.

연민을 생각하다

나이가 들수록 세상을 나 중심에서 보는 대신 제삼자의 객관적 시각으로 보고, 또 상대를 경쟁자로 의식하기보다는 연민의 눈으로 포용하게 된다.

아침 눈뜨면서부터 잠자리에 들기까지 많은 시간을 함께하는 에고의 행태를 보며 연민의 눈길을 자주 보낸다.

예컨대 어느 난민구호단체에 쥐꼬리만 한 돈을 기부하면서도 '나는 선량하다'는 우월감에 살짝 젖어있는 에고, 신체의 일부분 장애의 어려움을 안고 있는 사람을 보면서 동정하듯 보는 에고, 칭찬 한마디에 금방 우쭐해지는 에고 등등. 이런 밉상스러운 에고를 하루에도 여러 번 볼 수 있다는 게 불편한 현실이다. 이렇게 수많은 에고가 나와 공존한다.

이 에고의 시선들은 내가 지향하는 연민의 눈으로 보는 것이 아니다.

에고의 우월감과 오만, 위선으로부터 비롯된 자기만족의 표출일 뿐이다. 연민은 대상을 있는 그대로 사랑하며 대등한 관계에서 존중의 마음으로 색안경을 끼지 않고 보는 것이다. 시련으로 힘들어하는 사람을 볼 때는 동정의 눈이 아닌, 영혼의 성장을 위한 과정을 경험하는 것으로 보는 것이다.

연민의 마음이라면 제일 먼저 떠오르는 이미지가 바로 '보살(菩薩)'이다.

보살은 스스로 깨달음을 성취하여 열반에 들 자격이 있음에도 이를 유보하고 이 세상에 자발적으로 머물며 일체의 중생이 깨달음에 이를 수 있도록 도움을 주려는 서원을 가진 존재다. 굳이 이런 거룩한 자를 연상하지 않더라도 우리 각자의 마음에는 보살과 같은 연민의 마음을 가졌다고 생각한다.

우물가로 기어가는 아기를 보고 빠질까 봐 얼른 달려가 아기를 안아준다든지, 미미한 생명이라도 함부로 죽이지 않는다거나 스스로 해결할 수 없는 난관에 빠진 동식물을 대가 없이 기꺼이 돕고자 하는 마음이 바로 그것이다. 우리는 본래 연민의 마음을 갖고 있지만, 때때로 세상의 미혹에 빠져 이기심으로 인해 본성을 잠시 잊고 있을 뿐이다.

우리는 삶을 통해 배우고 영혼의 성장을 거듭하여 언젠가는 깨달음을 얻어 세상의 미혹에서 벗어나리라고 나는 믿고 있다. 인간은 본래 깨달음에 이르는 데 어떠한 제약조건이나 한계가 없지만 우리는 조건을 달고 한계라는 벽을 만들어 스스로 가능성을 부정하고 있다.

우리가 해야 할 것은 조바심 내지 않고 부단히 자신을 성찰하여 온전한 본성을 깨달을 뿐이다.

얼마 전 책에서 동식물도 각자 나름의 방식으로 경이롭고 아름다운 삶을 영위하고 있음을 보게 되었다. 저자는 자연의 교감을 통해 이들로부터 많은 것을 배우게 되어 영혼이 성장하게 되었다고 고백한다. 저자의 아름다운 경험에 귀를 기울여 본다.

> 이끼가 그중에서 가장 신비로웠다. 높은 산 속의 구름이 녹색으로 응고된 듯한 이끼 융단이 온 세상을 덮고 있었다(파푸아 뉴기니아에서). 겸허하고 부드럽고 오랜 시간을 살아온 이끼를 두고서 19세기 영국 비평가인 존 러스킨은 '지구의 첫 번째 자비'라고 표현했다. 나는 자비에 둘러싸여 있었다. 나무와 땅을 덮는 이끼는 헛디딘 발을 용서해주고 그 위에 떨어지는 모든 것을 부드럽게 감싸주었다. (중략) 우리가 온몸으로 찬양하는 야생, 자전하는 행성에서 우리를 생존하게 하는 야생이었다.
> (출처: 사이 몽고메리, 《좋은 생명체로 산다는 것은》,
> 이보미 역, 더숲, 2019)

문득 신문에서 읽었던 문어의 숭고한 자식 사랑 이야기가 생각난다.

암컷 문어는 일생에 한 번 알을 낳는데 알이 부화할 때까지 식음도 전폐한 채 오로지 알을 지키는 일에만 전념한다. 틈나는 대로 머리에 달린 수관으로 알집에 물을 뿜어 산소를 공급하고 때때로 출몰하는 침입자도 물리쳐야 한다. 이 5~7개월 지속되는 알 지키기 미션이 끝나면 아기 문어가 알집을 뚫고 세상에 나오게 되는데, 엄마의 몸은 서서히 분해되기 시작하고 종국에는 부화된 새끼들의 먹이가 된다. 어미의 살은 새끼들을 위한 성찬식이 되는 것이다. 미션은 여기서 끝나지 않는다. 온 힘을 다해 수관을 불어 아기 문어들을 바다에 보내는, 엄마 문어의 마지막 미션이 시작된다. 이런 힘겨운 과정을 마친 엄마 문어는 안타깝게도 생을 마감하고 만다.

나는 문어의 생애를 읽고 한동안 멍했다.
엄마 문어의 지극하고 성스러운 아기 사랑에 연민이 몰려왔다. 이렇게 생을 마친 문어는 죽어서도 하늘에서 아이들을 끝까지 사랑으로 지켜줄 것 같다.
우리는 곳곳에서 이러한 동식물의 사랑과 연민의 마음을 보게 된다. 우리 역시 같은 종인 호모 사피엔스에 국한하지 않고 모든 생명체에 이런 마음을 낸다면 신에게 한 걸음 더 가까이 가지 않을까.
문득 아인슈타인의 통찰이 가득 담긴 말이 떠오른다.

> 인간은 우리가 '우주'라고 부르는 전체의 일부분으로, 시간과 공간으로 제한된 한 개체이다. 인간은 자신을 나머지와 분리된 것으로, 자신의 생각과 느낌을 별개의 것으로, 의식하는 일종의 광학적 망상을 경험한다. 이러한 망상은 우리를 사적 욕망과 우리와 가까운 몇 사람에 대한 애정으로 제한하는 일종의 감옥이다.
> 우리의 사명은 모든 생명체와 자연 전체를 아름다움으로 포용할

수 있도록 연민의 범위를 넓힘으로써 이 감옥에서 우리 자신을 해방시키는 것이어야 한다.

(출처: 조안 할리팩스, 《연민은 어떻게 삶을 고통에서 구하는가》, 김정숙과 진우기 역, 불광출판사, 2022)

난 운이 좋은 사람

지난날을 돌이켜 볼 때 나는 정말 운이 좋은 사람이다.
지금 떠오르는 가슴 벅찬 행운을 생각나는 대로 적어본다.

제일 먼저 떠오르는 것은 역시 두 번의 암과의 싸움에서 살아남았던 기억이다. 이 경험들로 나는 여태까지의 식습관이나 생활 패턴을 재점검하게 되었고 잘못하고 있는 것을 바로 잡을 수 있었다.
그뿐만이 아니었다. 시련이 주는 의미를 궁구하게 되었고 시련을 보는 관점도 수정하게 되었다.
그동안 몸과 마음의 부조화 그리고 잘못된 습관에 신은 다양한 방식으로 나에게 경고의 메시지를 주어왔다. 하지만 나는 전혀 깨닫지 못하고 개선은커녕 무시하고 방치하였다. 마침내 신은 나에게 마지막으로 암이라는 극한 처방을 통해 또다시 정신 차릴 기회를 주었다.

이렇게 시련은 나의 몸과 영혼의 건강을 위해 베푼 신의 은총이었다. 시련에 대한 이런 자각은 인생 후반전을 살아가는 데 큰 동력이 되고 있다. 진정 이 깨달음을 얻은 것이야말로 두 번의 암으로부터 살아남았다는 것보다 더욱 귀한 행운으로 생각한다.

다음으로 손꼽히는 행운은 늦게나마 내가 진정으로 하고 싶은 일을 할 수 있는 여유를 갖게 된 것이다. 온종일 생업에 매달리지 않고도 오롯이 나에게 집중하여 책 읽고, 변변치 않은 글이지만 쓸 수 있게 되었다. 글쓰기는 나의 삶의 의미를 자각하게 하는 작업이며 존재를 확인시켜 주는 거울이다. 이런 글쓰기의 결과물로써 지금까지 4년째 매년 한 권의 에세이집을 펴낼 수 있게 된 것은 진정 가슴 벅찬 행운이 아닐 수 없다.

세상에는 자신이 진정으로 하고 싶은 것을 하지 못하거나 삶의 의미를 잃어버린 사람들이 얼마나 많은가? 주위에서 갖가지 장애로 인해 좌절하고 포기하는 사람들을 볼 때면 가슴에서 연민이 불끈 솟는다.

누가 그들의 꿈을 짓밟고 삶의 의미를 꺾고 있는가?

그냥 방치하고 있으면 안 된다. 강하게 저항해야 한다. 문득 베토벤 선생이 그의 현악사중주 16번 마지막 악장에서 두 눈을 부릅뜨고 'Muss es sein? Es muss sein!(그래야만 하는가? 그래야만 한다!)'을 부르짖는 이미지가 떠오른다.

그렇다! 살아가는 데 본질적인 것, 진중한 것, 그리고 가치 있는 것들에 대하여 눈을 감거나 포기해서는 안 된다. 끝까지 투쟁하여 승리해야 한다. 이것이야말로 진정 나를 사랑하는 길이기 때문이다.

마지막으로 떠오르는 행운은 평생의 취미로 음악과 바둑을 제대로 감상할 수 있는 안목을 갖게 된 것이다. 이 두 친구는 나의 평생 변함없는 진정한 친구로서 그 어떤 사람 친구보다도 값진, 영원한 친구다. 이 친구들과 만남의 인연을 돌아본다.

음악은 나의 영혼의 동반자다.

대학 시절부터 이 친구의 진가를 알고 나서부터 지금까지 하루에 두어 시간을 이 친구와 소통하며 지내고 있다. 이 친구와 함께 있으면 즐겁고 영혼이 맑아짐을 느끼게 되는데, 가끔 기분이 다운되었을 때는 다가와 토닥여 줘 위안이 되는 보배로운 친구다. 심적 상태와 계절의 분위기에 따라 다양한 빛깔의 음색으로 만나게 되는데 요즘 가을이 오는 길목에서는 슈베르트와 브람스의 음악을 자주 듣게 된다.

얼마 전 슈베르트의 4개의 즉흥곡(op.90, D.899)을 피아니스트 라두 루프(Radu Lupu)의 탁월한 연주로 감상했다. 스잔하면서도 감미로운 가을의 정취가 온몸으로 촉촉이 스며온다. 한차례 가을바람이 스치고 지나간 오솔길에 나뭇잎이 우수수 떨어진다. 3번째 곡 안단테로 들어서자 음악은 점점 가슴 깊이 파고들어 과거의 아련한 옛 추억을 하나씩 복원한다. 추억을 따라 한참 걸어가노라니 또 한 세계가 환상적인 선율과 함께 전개된다. 슈베르트 특유의 음악성과 영성이 잘 어우러진 한 편의 드라마를 감상하는 듯하다. 라두 루푸는 슈베르트의 정서를 어느 피아니스트보다 독창적이고 우아하게 그려내는 위대한 시인이다.

그리고 바둑은 나에게 지혜와 즐거움을 심어주는 스승이자 친구다.

초등학교 5학년부터 시작된 이 친구와의 오래된 인연은 점점 깊어만 간다. 비록 동네 바둑친구들과 월 한두 번 정기적으로 만나 두어 판 두는 것에 그치지만, 내가 진정으로 좋아하는 시간은 홀로 이 친구와 접할 때다. 주로 유튜브를 통해 프로고수들의 대국을 친절한 해설가의 도움을 받아 감상하거나 고수들의 강의를 음미하곤 하는데 이 시간은 세상을 살아가는 지혜를 배우는 장이기도 하다.

얼마 전에는 그들의 바둑을 감상하며 '상대방의 집이 커 보이면 진다'라는 바둑 격언을 실감했다. 이 말이야말로 프로와 아마의 큰 차이점을 말해주는 듯하다.

어느 타이틀전의 대국이었는데 역시 그들은 프로였다. 나의 권리를 인정하듯 상대의 집도 하나의 권리로 인정하며 합리적으로 판단하는 지혜가 돋보였다. 나 같으면 상대의 큰 집이 예상될 경우, 당장이라도 상대 진영에 침투하여 상대의 집을 부수는 것만 생각하게 된다. 내 집이 큰 것은 당연한 것이고 상대의 집은 허용하지 않겠다는, 욕심 가득한, 자기중심적인 편협한 사고다. 세상을 살아가면서 흔히 범하지만 개선하기에도 쉽지 않은 과제가 아닐 수 없다.

나는 이 친구를 통하여 또 하나의 반짝이는 삶의 지혜를 얻는다.

상대가 우월하다고 시기나 질투하지 않고, 상대의 권리도 존중하면서, 부단히 나의 단점을 보완하는 기회로 삼아, 자신의 분수에 따르는 삶을 살라는 지혜!

이런 좋은 친구들 덕분에 나의 삶은 외롭지 않고 든든하니
이런 친구를 만날 수 있었던 나는 정말 운이 좋은 사람이다.

지난날의 회상

요즘 작은 아이가 취미로 틈틈이 마라톤을 하고 실내 암벽등반(클라이밍)을 즐기는 걸 본다. 모처럼 아이와 대화하던 중 마라톤을 했던 옛 기억이 떠올랐고 그때 기록한 노트를 꺼내 보게 되었다.

동네 학의천 변과 직장 근처의 인천대공원, 일산 호수공원 등을 뛰었던 100회가 넘는 연습기록이 빼곡하게 적혀있었다. 2년여 동안 경기에 출전한 게 10km 10여 회, 하프 5~6회, 풀코스 2회에 이르렀는데, 느지막이 쉰이 넘어서 시작한 마라톤에 이렇게 열정적으로 빠져들게 된 건 웬일일까?

아마도 퇴직을 앞두고 마지막 불꽃을 마음껏 피워보라고 하늘이 기회를 준 건 아닐까? 그때는 퇴직을 꿈에도 생각지도 않았는데 이 열정의 불꽃은 결국 나의 몸을 불살랐고 나는 일산 암센터 병동으로 가지 않으면 안 되었다. 예정된 운명이었던 걸까?

병원에서 악성이라는 통보를 받은 그 날(2009.10.10.) 일기장을 다시 들여다보았다. 거기엔 이런 글이 적혀있었다.

　　의도된 우연인가? 현 상황을 벗어나기 위한 극단적인 수순인가? 비극의 연출로 삶의 예술적 클라이맥스를 고조시키기 위함인가? (니체는 비극이야말로 예술의 본질이라고 했다) 아니면 제2의 인생을 빨리 앞당기기 위한 명분 있는 깜짝 쇼였나? 나의 진짜 재능을 발휘할 수 있는 절호의 찬스를 만들기 위한 것은 아닐까. 그동안 입에 달고 다녔던 진짜 하고 싶은 것을 제대로 원 없이 하도록 소원을 풀어주려는 주인공의 메시지?
　　왜 이렇게 담담한가? 조금도 두렵지 않은 이유가 뭔가?
　　오히려 마음이 편하다. 벗어날 수 있다는 해방감과 안도감 그리고 곧이어 전개될 일의 구체적 계획에 대한 막연한 설렘? 주인공의 의도를 간파하고 감사하며 제2의 멋진 인생 설계에 골몰하는, '또 하나의 나'는 도대체 누구인가?

감회가 새롭다.
그때의 나로 돌아가서 일기장의 날짜를 두어 달 전으로 되돌린다.
또 하나의 세계가 전개되며 나는 서서히 빠져든다.

　　입추가 지나니 얼마 남지 않은 시간을 의식한 듯 매미들의 울음소리가 예사롭지 않다. 시골 정자 위에서 듣던 평화로운 고품격의 저음이 아닌, 뭔가에 쫓기는 듯 경쟁하듯 고음을 뿜어댄다.

글 바로 아래 한 편의 시가 보인다.

내가 살던 아파트 단지 뒤뜰에 자라던, 두 그루의 메타세쿼이아에 관한 시다.

> 메세를 꼭 껴안고
> 그의 체온을 느껴본다
> 따듯한 기운이 온몸으로 전해온다
> 눈을 감고 내 마음을 포갠다
> 하나가 된다.
>
> 메세가 살포시 속삭인다
> 너무 고민하지 말고
> 스스로 즐기면서 몰입할 수 있는 걸
> 찾아서 하라고 한다.
>
> 남들로부터 칭찬받고, 사회적으로 성공한 사람
> 신문 속 별난 사람이 되려고 용쓰지 말고
> 내면의 소리가 이끄는 대로
> 무소의 뿔처럼
> 용기 있게 나아가라고 한다.

방황하는 '또 하나의 나'의 모습이 쉬이 그려진다.

인생이란 정해진 길이 없는 것이요, 직관과 내면의 소리가 이끄는 대로 걸어갈 뿐이다. 주위 수많은 나무, 꽃, 새, 곤충들이 저마다 드러냄 없이 함께 어울려 우주의 교향곡을 연주하듯이.

 그렇다면 지금 나는 스스로 즐기며 몰입할 수 있는, 그것을 찾았을까?

 반문해 본다. 어쩌면 책 읽고 글을 쓰는 삶이 바로 그것이 아닐까.

 책을 통해 멘토와 교감하는 순간이, 글쓰기를 통해 나를 더 잘 알고 사랑할 수 있는 순간들이 나에겐 더없이 설레고 소중하다. 또한 내 책을 읽고 진한 공감과 아울러 자신을 돌아보게 되었다는 피드백을 들었을 때는 짜릿한 보람도 느끼게 된다.

 이제 확실히 내 길을 찾았으니
 무소의 뿔처럼 당당하게
 앞으로 나아가기만 하면 될 터이다.

이 몸이 죽어가서 무엇이 될꼬 하니

아침을 준비하기 위해 식빵을 굽고 식빵에 뿌릴 견과류 몇 종류를 꺼내 씻었다. 씻은 아몬드와 호두, 브라질넛을 도마 위에 올려놓고 잘게 자르기 위해 과도를 잡았다. 이들을 보니 이런 생각이 들었다.

  이 아이들은 미국 캘리포니아 그리고 페루에서 자라나 때가 되어
  엄마를 떠나 배를 타고 태평양을 건너 여기까지 먼 길을 와서 인간의
  먹이가 될 운명이 되었구나.

문득 연민이 느껴져 더 가까이 다가가 이들을 들여다보았다. 아이들의 눈과 마주쳤고 이들의 마음을 느끼게 되었다. 맑은 눈과 순수한 마음이 보였다. 이 중 한 친구가 살포시 마음을 전해온다.

"아저씨! 반가워요. 전 캘리포니아에서 왔어요. 그런데 아저씨의 눈이 너무 슬프게 보여요. 웃어보세요. 저는 아저씨의 웃는 모습이 보고 싶어요. 네?"

이 아이들은 과연 자신의 운명을 알고나 있을까?
이 아저씨가 곧 시퍼런 칼로 자기들을 먹기 위해 몸을 산산조각 낼 거라는 걸 말이다.
나는 웃을 수가 없었다. 멍하니 바라보기만 했다.
이 모습이 딱해 보이기라도 한 듯, 또 다른 친구가 한마디 덧붙인다.

"저희는 기꺼이 아저씨와 함께하기로 했어요. 아저씨! 너무 슬퍼하지 말아요. 저희는 아저씨가 좋아요. 또다시 아저씨의 몸으로 태어나는 게 너무 좋아요. 아저씨, 이제 웃어봐요! 네?"

이번엔 웃지 않을 수 없었다.
이 친구들은 흔쾌히 나와 함께 하기로 마음을 열었고, 나는 이들의 갸륵한 마음을 기꺼이 받아들이기로 하였다.

고마운 친구들!
이들은 '원수를 사랑하라'는 예수님의 말씀을 전혀 알지 못하지만, 망설임 없이 마음을 내어 흔쾌히 운명을 사랑으로 받아들였다. 내 몸의 일부가 될 친구들을 위해서라도 나는 허투루 살 수 없을 것 같다. 제대로 살아야 한다. 이게 친구들에 대한 일말의 양심이요, 책임이니까.

문득 성삼문 선생의 낯익은 시조가 떠올랐다.
이렇게 한 편의 시조가 저절로 씌었다.

이 몸이 죽어가서 무엇이 될꼬 하니
다정한 최선생의 피와 살이 되어서
그와 함께 또 한바탕 살아 볼까 하노라

덩달아 나의 고마운 마음을 담은 화답시도 씌었다.

먼 길 돌아 찾아온 성자의 마음 여기 있었네
이 한 몸 당신의 희생으로 살아났으니
남은 삶 우리 한바탕 즐겁게 살아보세나

어두웠던 마음이 환해졌다.

설거지가 필요 없는 삶

아침을 간단히 끝내고 설거지를 한다.

수세미에 주방 세재 몇 방울을 묻혀서 컵과 접시를 쓱쓱 문지른다. 컵에 묻은 지저분한 입술 자국과 접시에 덕지덕지 붙어있는 빵 쪼가리나 호두, 아몬드 부스러기가 하나씩 제거되자 뽀얀 얼굴이 드러난다. 뽀송뽀송한 행주로 닦아주니 아이들의 얼굴에서 환하게 빛이 난다. 미소 짓는 아이들이 사랑스럽다.

문득 이런 생각이 들었다.

이 아이들은 내가 씻기고 닦아서 이쁘게 해주지만 내가 살며 저질러놓은 것은 누가 깨끗하게 설거지를 해줄까? 여기저기에 어질러놓은 행동거지 흔적과 아직도 해결하지 못한 감정 찌꺼기들은 누가 말끔하게 닦아줄까? 이 설거지를 내가 하지 않으면 누가 하지?

인간은 누구나 언젠가는 이 세상을 떠나게 될 터인데, 떠나기 전에 말끔히 쿨하게 정리하고 싶다. 소크라테스는 독배를 마시고 떠나기 전, 세상에 빚진 것을 기억하고 제자들에게 꼼꼼하게 부탁하였지만 나는 내가 저질러 놓은 건 내가 처리하고 가고 싶다. 그런데 혹시 느지막이 치매라도 걸린다면? 걱정이 성큼 다가온다.

얼마 전 일본의 한 사회학자가 쓴 글을 보니 일본은 2025년쯤이면 치매 인구가 700만~1,000만 명에 이를 것으로 일본 후생노동성에서 예상한다고 한다. 65세 이상 고령자 4명 중 1명에 해당하는 수치다.

무섭고 두렵다. 그렇다고 미리 예방한다고 해결될 일도 아닌듯싶다. 얼마 전 읽었던 책에서 저자는 이렇게 치매에 대한 두려움을 실토한다.

> 매일 조깅하고 호기심이 많으며 친구를 많이 두었음에도 치매에 걸린 사람을 몇 명이나 알고 있다. 게다가 치매 진단 검사인 '하세가와 치매 척도'를 만든 치매 전문의사인 하세가와 가즈오 박사도 치매에 걸렸다.
>
> (출처: 우에노 지즈꼬, 《집에서 혼자 죽기를 권하다》, 이주희 역, 동양북스, 2022)

그러니 제정신에 몸이 멀쩡할 때 스스로 설거지를 해야 할 것이다. 참고로 저자인 우에노 박사는 장례식은 가족들끼리만 모여서 치를 예정이고 유골은 어딘가에 뿌려달라고 유언장에 써두었으며 유언 집행인도 지정해 놓았다고 한다(우에노 씨는 결혼하지 않았다).

태어나는 걸 스스로 결정할 수 없듯이 죽는 때도 스스로 결정할 수 없을 터이다. 죽음이 아직 현실적으로 피부에 와닿진 않지만, 미리 죽음에 대비하여 조금씩 설거지를 해가는 것이 좋으리라 생각한다.

"인간은 이성적으로 행동하는 것 같지만 정작 위기사항에 몰리면 감성적으로 결정하는 경향이 있다"라고 심리학자 대니얼 카너먼(2002년 노벨상 수상)은 말했다. 그러니 삶을 의미 있게 마무리하기 위해서는 평소 이성적일 때 미리 해야 할 터이다. 뭔가 하다가 남겨진 찌꺼기는 깨끗하게 처리하고, 만나서 꼭 전하고 싶은 말은 미루지 말고, 꼭 하고 싶었던 건 서둘러 실행해야 한다.

며칠 후 동네에 있는 대학 부속 종합병원에 가서 몇 가지 검사를 받게 되는데, 이참에 미루어왔던 '사전연명치료의향서'도 작성하고 아울러 장기기증 신청도 고려해 보고 싶다.

문득 얼마 전 돌아가신 김동길 교수님이 떠오른다.

매일 200자 원고지 석 장씩 글을 썼고 실제로 병석에 들기 직전인 지난 설날까지 글을 올렸다는 교수님, 기억력도 비상하여 시 300편을 외우셨고 '키를 눌렀는데 시가 나오지 않는다면 인생이 끝나는 날'이라고 하셨던 분이다.

교수님은 11년 전 생일날, 세브란스병원 의료원장에게 편지를 보냈다고 한다. "내가 죽으면 장례식, 추모식은 일체 생략하고 내 시신은 의과대학생들의 교육에 쓰기를 바란다"고 했다. 그리고 "누가 뭐래도 이 결심은 흔들리지 않는다"며 도장까지 찍었다.

(출처: 선우정 논설위원, 〈자유인 김동길〉, 만물상, 조선일보 '22.10.6.)

오늘 아침에도 황홀한 일출을 봤다.

이런 순간들을 앞으로 몇 번이나 볼 수 있으려나, 수백 번? 아니 수천 번?

하지만 나는 지금, 이 순간을 너무 당연한 것으로 여기며 무심하게 지나치는 건 아닐까.

"인간이란 항상 있는 기적에는 별로 놀라지 않는다"라고 앙드레 지드가 말했듯이 눈앞의 기적을 보면서도 이게 기적인 줄도 모르는 채 산다.

지난 일로 지나치게 슬퍼하지 않고, 다가올 일로 얼굴 찌푸리지 않는 것,

그저 지금 하는 일을 온전히 즐기며 사는 것이야말로

진정 설거지가 필요 없는 삶이 아닐까.

사소한 것에 목숨 걸지 말자

 살다 보면 상대로부터 생각지도 않았던 반응을 보게 되어 당황하게 되는 때가 더러 있다. 내가 당연히 옳다고 생각한 것에 뜻밖의 반론을 받게 되거나, 또는 상대의 긍정적 반응을 기대했는데 결과는 전혀 달랐을 경우 말이다.
 얼마 전에도 이런 일이 있었다.
 오랫동안 알아온 지인과 산책하고 있었다. 서로가 잘 아는 사이여서 평소 그와의 대화는 물 흐르듯 자연스러웠다. 그날의 대화에서도 내가 옳다고 생각하는 바를 솔직하게 이것저것 얘기하고 있었다.
 그런데 대화가 진행되던 어느 순간 갑자기 그는 정색하고 내 생각과 정반대의 의견을 제기하였다. 아뿔싸! 그가 내 생각에 당연히 공감할 것으로 예상했던 터라 너무 황당해서 할 말을 잃고 말았다.
 나를 누구보다도 잘 알고 있는 그가 어떻게 이런 말을 할 수 있지?

나의 자존심은 구겨지고 머릿속은 어지러웠다. 순간 온몸에서 힘이 쭉 빠졌고 주변 벤치를 찾아 털썩 주저앉고 말았다.

그를 먼저 보내고 나는 벤치에서 상처받은 마음을 추스르지 않을 수 없었다. 가슴 속에서는 분노 같은 것이 치밀었고, 그에 대한 실망감으로 이어져 더욱 고통스러웠다. 길게 심호흡을 몇 번 하니 가슴이 좀 안정되는 듯하였다. 내면을 들여다보았다.

'또 하나의 나'는 나에게 연민의 눈길을 보내며 말한다.

> "이 문제가 당신에게 그렇게 심각한 문제인가? 크게 볼 때는 아주 사소한 문제로 보이는데. 그가 그렇게 생각하더라도 당신이 영향을 받지 않는다면 문제가 없지 않을까. 그의 생각은 그의 소관이니 애써 바꾸려 하지 말고 당신은 당신 문제나 신경 쓰는 게 어떤가?"

문득 '모든 세상일은 사소한 것이니, 사소한 일에 목숨 걸지 말라'던 영적 지도자 웨인 다이어의 말이 생각났다.

이 문제로 내가 이렇게 격하게 반응하다니!

그의 생각이 나와 다르다는 것에 분노하며 자존심까지 상처받을 일인가? 곰곰 생각해 보니 몇 달 후가 되면 다 끝나게 되는 일이었다. 그렇게 얘기한 연유를 그의 시각에서 다시 생각해 보았다.

어슴푸레 짚이는 게 있었다. 그가 어릴 때 받았다던 트라우마가 떠올랐다.

그렇구나, 그의 심리적 정황으로 볼 때 그가 이렇게 말할 수도 있겠구나!

이제야 살짝 이해가 갔다. 꽉 닫혔던 마음의 문이 조금씩 열리고 있었다.

우리가 타인의 말이나 행동에 충격을 받거나, 심지어 좌절과 절망을 느낄만한 상황이라 할지라도 그 사람의 입장을 충분히 이해하고 들여다본다면, 그의 또 다른 동기를 발견할 수도 있는 것이다. 이럴 때는 즉각적인 반응을 하기보다는 일단 호흡을 가다듬으며 ―상대의 말에 동의는 하지 않더라도― 상대를 이해하려고 노력해 보는 것이다. 하마터면 멘붕에 빠질 수도 있을 법한 순간에서 빠져나오는 나 자신을 본다.
얼마 전 책에서 읽었던 말이 새삼 가슴에 다가온다.

> 분노에 집착할 때, 우리 마음속의 '사소한 일'은 엄청나게 '심각한 일'로 바뀐다. 이럴 때 우리는 스스로 질문을 던져야 한다.
> "나는 '옳은' 사람이 되고 싶은가? 아니면 '행복한' 사람이 되고 싶은가?"
> 행복해지는 길은 분노를 내려놓고 먼저 상대 입장을 이해하는 것이다.
> (출처: 리처드 칼슨, 《100년 뒤 우리는 이 세상에 없어요》, 우미정 역, 마인드빌딩, 2020)

나는 한동안 시간이 흐른 후 벤치에서 일어나 천천히 걸으며 그가 했던 말을 다시 생각해 보았다. 이런 생각도 들었다.

혹시 나의 재능을 더욱 발휘할 수 있도록 나에게 거친 말로 충격을 준 것은 아닐까. 그렇다면 그는 또 하나의 길로 나를 안내하기 위해 기꺼이 역행보살이라는 악역을 맡은 것이 아닌가.

처음에 나는 충격을 받아 당치도 않는 말이라고 분노했고, 잠시 그에게 실망하기도 했었다. 그러나 한차례 마음의 광풍이 지나가고 폐허가 된 들녘에 깨알만 한 이해의 씨앗이 뿌려졌다. 때가 되자 샛노란 떡잎이 돋아나고 꽃대가 올라왔다. 오래지 않아 꽃망울이 맺히고 노란 한 떨기의 귀하고 예쁜 꽃이 탄생하게 될 것이다.

메모 노트에서 본 어느 성자의 글이 가슴에 큰 울림으로 다가온다.

> 그대가 해야 할 일이 있을 때는 피할 수 없다.
> 육신이 그걸 하려고 태어났으니 그 임무를 완성하게 하라.
> 요컨대 일은 진행될 것이고 그대는 그중에서 자기 몫은 해내야 한다.
> 마치 드라마에서 자기 역을 연기하는 배우처럼.

태아 체험 명상

얼마 전 우연찮게 태아 체험 명상을 하게 되었다. 연유는 이러하다. 오후 늦게 친구 S를 이수역 근방에서 만나 저녁을 같이 먹기로 하였다. 가는 김에 이수역 근처에 사는 대학 동창 K가 하는 목욕탕에 들러 최근에 펴낸 책을 전해주고 싶었다. 그래서 사전에 문자를 보내고 약속 시간에 도착하여 책을 전달했다.

잠시 대화를 나누다가 친구가 '온 김에 우리 목욕탕에서 목욕이나 하고 가라'고 한다. 생각지도 않게 제안을 받아 살짝 망설였으나 친구 S와의 약속 시간까지 여유가 있어서 제안을 수용하기로 했다. 그동안 동네 복지관 목욕탕에서 매주 한두 번씩 해오다가, 코로나로 거의 3년이 지난 지금까지 목욕탕 문을 닫아서 목욕을 못 하던 터였다. 여태껏 집에서 줄곧 샤워로 만족해야만 했었는데 이 기회에 잘 됐다고 생각했다.

탈의하고 온탕을 거쳐 열탕으로 옮겨 온몸을 푹 담근다.
따뜻한 기운이 몸속으로 서서히 스며든다.

이 얼마 만의 경험인가?
뇌가 옛 기억을 소환하기도 전에 몸이 먼저 기억하고 좋아한다. 몸 세포 하나하나가 긴 동면에서 깨어나듯 눈망울을 터뜨린다. 뇌에서는 시간여행을 위해 타임머신을 띄우느라 분주하다. 마침내 머신은 이륙하여 순식간에 긴 시간의 간극을 뛰어넘어 나의 초등학교 저학년 시절로 회귀한다.

고향의 시골 목욕탕에서 아버지와 나, 그리고 동생이 목욕하고 있다. 나는 동생과 탕 속에 들어가서 주위 어르신의 시선에도 아랑곳하지 않고 물장구를 치고 물을 서로 튀기며 장난을 친다. 아버지가 조용히 하라고 주의를 주신다. 나는 슬며시 탕에서 나와 제자리로 돌아와 옆에 앉은 아버지의 등을 초록 때밀이 수건으로 쓱쓱 밀어드린다.

계속해서 머신을 타고 태초의 엄마 뱃속의 태아 시절로 거슬러 올라간다.
잊고 있었던 옛 추억의 보따리를 조금씩 풀어 헤치며 아늑한 엄마 자궁의 세계로 들어간다. 투명하고 맑은, 연한 코발트색 호수 속에 웅크리고 있는 조그마한 태아의 모습이 보인다.
두 발과 양 무릎은 몸에 바짝 붙어있고 두 손은 주먹을 쥔 채 무릎 위에 가지런히 얹혀있다. 몸에는 우주비행사의 산소호흡기 같은 탯줄이 엄마의 몸과 하나로 연결되어 있다. 눈은 뜬 듯 감은 듯하고 입

가엔 기분 좋은 미소를 머금으며 엄마의 따뜻한 양수 속에서 세상 누구보다도 행복한 표정을 짓고 있다. 몇 해 전, 나는 호기심이 발동하여 목욕탕에서 이런 태아의 모습을 재현하는 신비한 체험을 하고 그 감동을 글로 남기기도 했었다.

눈을 지그시 감고, 엄마 뱃속 태아의 모습을 마치 시간이 정지된 듯 한없이 바라본다. 이 자그마한 아이는 지금 무슨 생각을 하고 있을까? 장차 자신이 태어나기를 손꼽아 기다릴까, 아니면 세상에 나가서 뭘 하게 될 건지 그려보고 있을까.

아마도 이 아이는 지금, 이 순간만을 생각하고 있을 것만 같다. 미래의 어떠한 계획이나 어떠한 기대도 하지 않고, 오롯이 엄마의 따뜻한 자궁 속에서 현재 지극한 행복을 만끽하고 있을 것이다. 이 행복한 아이를 바라보는 나 역시, 지금, 이 순간은 세상 누구보다도 행복하다.

이 아이가 세상에 태어나는 순간부터 새로운 세상이 펼쳐질 터이다. 엄마 뱃속의 조용하고 안전한 공간은 사라지고, 끊임없는 사랑의 보살핌을 필요로 하는, 또 하나의 세상 속으로 던져지는 것이다. 생명을 가진 존재라면 필연적으로 맞닥뜨려야 할, 피할 수 없는 운명이다.

문득 어느 가수가 불렀던 〈아모르파티〉의 가사가 생각난다.

'산다는 게 다 그런 거지. 누구나 빈손으로 와서 소설 같은 한 편의 얘기들을 세상에 뿌리며 살지. (중략) 오늘보다 더 나은 내일이면 돼. 인생은 지금이야. 아모르파티~'

(출처: 김연자, 〈아모르 파티〉, 2013)

우리는 의지와는 상관없이 우연히 세상에 던져졌을지도 모른다.

자신에게 주어지는 삶이 힘들고 불만족스럽더라도 삶을 긍정하며 당당하게 살아가야 한다. 거부하거나 저항함은 지는 것이다. 운명에 굴복하거나 체념하지 않고 마치 시지프의 신화처럼 힘차게 돌을 밀어 올리며 말이다.

태아가 이 세상에 온 진정한 목적은
이런 삶을 체험해 보기 위해서가 아닐까?

나의 글쓰기를 돌아보다

 아침에 잠에서 깨어나 세수를 하고 책상에 앉는다.
 노트북을 펴고 따뜻한 차 한 잔의 부드러운 목 넘김과 함께 하루가 시작된다. 이게 나의 루틴이요, 의식이다. 특별한 의도도 없이, 누가 시키지도 않은 글을 버릇처럼 끄적인다. 몇 해를 걸치다 보니 자연스럽게 습관이 된, 나의 글쓰기를 들여다본다.

 특별한 의도도 없이, 누가 시키지도 않은 글을 왜 쓰는가? 자문해 보았다. 별다른 이유가 생각나지 않는다. 그냥 내가 좋아서 한다고 할 수밖에.
 사실 어떤 특별한 목적이 있었다면, 오래지 않아 그 중압감에 흥미를 잃어 쉬이 중단했을 것이고, 누군가 쓰라고 닦달이라도 했다면 결국 도망가고 말았을 것이다. 누군가에게는 사는 데 아무런 도움이 안 되는, 쓸데없는 일이기에 글을 꾸준히 쓸 수 있게 된 게 아닐까. 마치 쓸모없을 듯한 '페르마의 마지막 정리'를 증명하기 위해 수학자들이 350여 년간을 몰두했던 것처럼 말이다. 주변의 시선을 의식하거나 부담을 느낄 필요도 없어서, 그저 내가 좋아서 하는 일이기에 죽을 때까지 더불어 갈 수 있게 되었다.

한편으로 나의 글쓰기에는 최근의 코로나도 한몫한 것 같다.
타인에게 다가가서 적극 자신을 드러내어 존재감을 높이고 어필해야 박수받는 세상이었는데, 요즘은 사회적 거리두기로 타인과 거리를 띄우고 멀찍감치 떨어져 있어야 하는 세상으로 변했다. 말보다는 글이, 대면보다는 비대면이 선호되는 소통방식이 된 것이다. 나 역시 친구와 만나는 횟수가 줄고, 결혼식이나 음악회, 전시회에 갈 기회가 드물어지고, 외출할 일도 의식적으로 줄이게 되었다. 따라서 생활 전반에 걸쳐 자연스럽게 집에서 칩거하며 홀로 책을 더 가까이하게 된 것도 글쓰기에 도움이 된 것 같다.
그러나 글쓰기의 큰 동기는 무엇보다도 끊임없이 분출되는 에너지를 다스리기 위해서이다. 크게 보면 두 가지로 압축할 수 있다.
하나는, 자고 나면 벌어지는 온갖 세상일들에 대한 마음의 동요를 잠재우기 위한 것이요, 또 하나는 책에서 받은 감동과 영감 그리고 산책할 때 보고 듣고 느끼는 소중한 감성을 기록하여 오랫동안 기억하기 위해서이다.

전자는 다음과 같은 이유에서다.

살다 보면 경험하게 되는 갖가지 희로애락에 휘둘리게 되는데 여과 없이 그대로 수용하는 것은 감정의 동요가 커서 에너지 소모량도 적지 않다. 기쁘면 기쁜 대로 슬프면 슬픈 대로 감정은 요동친다. 이것은 내가 추구하는 마음의 평정이 아니다.

그래서 글쓰기를 통하여 감정의 동요로부터 거리를 두고 객관적으로 바라보며 마음의 평정을 유지하려는 것이다. 감정의 출렁임은 글쓰기를 통하여 여과되고 나로부터 분리되어 하나의 소박하고 일시적인 사건으로 축소된다. 이렇게 하여 나는 감정의 늪에서 쉬이 벗어날 수 있었다.

이것은 위빠사나 명상 수행과도 일맥상통한다.

가령 내가 지금 화를 내고 있을 때 객관적으로 있는 그대로 바라보며 알아차리는 수행을 통하여 평정심을 유지하는 위빠사나 명상과 같은 원리라고 할 수 있다. 다만 글쓰기는 화를 내는 나의 심상의 변화를 객관적으로 지켜보며 기록함으로써 본래의 평상심을 되찾는 것이다. 글쓰기는 이렇게 나를 성찰하여 깨달음에 이르는 것이니, 글 쓰는 시간은 내가 온전히 깨어있는 소중한 시간이기도 하다. 이러한 과정을 이윤주 작가는 책에서 글을 쓸 때 인체의 생물학적 변화를 재미있게 표현하였다.

> 인간의 뇌에는 감정을 관장하는 부위와 이성을 관장하는 부위가 따로 있다. 전자가 편도체, 후자가 전전두엽이다. 슬픔에 빠지면 편도체가 과로한다. 그런데 그 슬픔을 '슬프다'라고 쓰는 순간 편도체가 쉬고 전전두엽이 일한다. 슬픔의 진창에서 발을 빼고 '슬프다'라는 언

어를 가만히 응시할 수 있는 것이다.
(출처: 이윤주, 《어떻게 쓰지 않을 수 있겠어요》,
위즈덤하우스, 2021)

다음으로 후자에 대한 연유는 이렇다.

책을 읽다 보면 작가의 말에 공감하고 감명받는 경우가 꽤 많다. 이때는 두고두고 읽고 음미하고 싶어 독서 노트에 작가의 글과 내 느낌을 기록하여 남긴다. 또한 산책하면서 받은 자연과의 교감이나 작은 깨달음도 기록에 남겨 그때의 감흥을 오랫동안 맛보고 싶었다.

이렇게 남긴 기록들을 때때로 생각날 때마다 들여다본다. 글의 호수에 빠져서 시간 가는 줄도 모르고 작가와 혹은 자연과 교감하다 보면, 어느새 하루가 후딱 지나가 버리기도 한다. 이런 행복한 시간을 허투루 날려버리는 게 아까웠다. 그래서 글로써 기록에 남기는 것이다.

작가 최인아 씨는 얼마 전 신문 칼럼에서 이렇게 표현했다.

> 살면서 후회되는 게 많지만 가장 큰 후회는 글을 쓰지 않은 것이다. (중략) '생각은 향기와 같아서 그 순간 붙잡아 두지 않으면 날아가 버린다'고 어느 유명 작가는 말했다. 나는 '괜찮은' 생각들을 (기록하지 않고) 날려 버린 것에 대해 이제 와 강하게 후회한다. (중략) 훗날 다시 후회하지 않기 위해, 내 안의 생각들을 더 이상 가뭇없이 떠나보내지 않기 위해 꼭꼭 글로 써야겠다.
> (출처: 최인아, 〈글로 쓰지 않은 생각은 날아간다〉,
> 동아광장, 동아일보 '22.10.1.)

한편 글에 몰두하다 보면 내 에고가 턱없이 부풀어 오르기도 하는데 이것을 늘 의식적으로 경계하게 된다. 반면에 세상을 있는 그대로 보고 쿨하게 수용하겠다고 생각하지만, 때로는 나 자신에 취해 나를 바닥까지 드러내거나 자기 연민에 빠지는 자신을 보기도 한다.

하지만 나는 지나치게 후회하거나 자괴감에 빠지지는 않는다. 더 겸손해지려고 애쓰지도 않으려 한다. 나는 나를 잘 알고 있기 때문이다. 내가 그렇게 완벽하거나 대단한 사람이 아니라는 걸.

나는 오롯이 나만의, 나다운 글을 쓸 뿐이다.

이런 사랑을

몸이 힘들더라도
지갑이 얄팍해지더라도
방금 헤어지고도

기꺼이 또 보고 싶은
조금도 식지 않는
이런 사람이 그립다.

한겨울에도
한 가닥 입김과
마주 잡은 손끝 체온만으로
추위를 가시게 하는 사람

나의 어두운 그림자를 보고도
미소 지으며 귀 기울이는
이런 사람

내 영혼과
그대 영혼이 만나면

나의 존재는
가뭇없이 사라지고

우리 온전히
하나 되는 사랑

이런 사랑을
진정
하고 싶다.

'미래의 나'를 만나다

잠에서 깨어나자마자 꿈속에서 나눈 얘기들을 주섬주섬 메모한다. 지금 기록해 놓지 않으면 금방 기억에서 사라지기 때문이다. 또한 꿈속 기이한 만남에서 나눈 대화가 신비롭고 특이해서이기도 하다. 아직도 눈에 선하게 다가온다. 미래의 '또 하나의 나'와의 만남이.

내가 꿈속에서 대화를 나눈 시기는 정확히 기억은 나진 않지만, 꿈속에서 내가 8대 할아버지였으니 미래 200년쯤 후인 서기 2222년 정도 되지 않을까.

어찌 이런 꿈을 꾸었을까? 혹시 어젯밤 잠들기 전에 봤던 책에서 오스카 와일드의 말에 충격을 받은 걸까? 이런 글이었다.

오스카 와일드는 《캔터빌의 유령》에서 제대로 된 묘사를 통해 구원받은 문학작품을 두고 "아직 잉태되지 않은 눈들이 그것을 읽고 또 읽는 영광을 누릴 수 있다"고 말한다. 필멸의 존재인 인간에게 이 얼마나 매력적인 유혹인가? (중략) 어쩌면 예술의 진정한 가치는 예술가의 생전에 있지 않을지도 모른다.

(출처: 박웅현, 《문장과 순간》, 인티N, 2022)

이 글을 읽고 옆에 메모해 놓았던 글을 지금 다시 읽어본다.

> 일종의 사명감을 느낀다. 비록 지금은 내 책을 읽고 공감받았다는 사람이 손꼽을 정도에 그치지만 아직 태어나지 않았거나 너무 어려서 읽어보지 못한 눈들(손녀딸도 짚인다) 중에서도 내 책에 공감할 수 있다고 생각하면 가슴이 설렌다. 심장이 두근거린다. 볼 수는 없지만 그들과 나는 보이지 않는 끈으로 시공을 초월해 연결되어 있지 않을까. 그들과 나의 경계는 가뭇없이 사라진다.

꿈속에서 나눈 대화의 내용은 흐릿하지만 메모한 글을 징검다리로 하여 상상력을 더해서 재구성해 본다.

나: 당신은 누구신가요?

- **저는 당신의 8대 손자뻘 되는 사람입니다. 우연히 당신의 책을 도서관 한쪽 모퉁이에서 봤어요. 나의 먼 조상님의 책을 발견하여 너무 반가웠고 신기했어요. 그 당시 사람들의 생각도 읽을 수 있어서 재미있었어요.**

나: 8대 손자뻘이라면 내가 살던 시대와는 완전히 다른 세상일 터인데, 그동안 기술문명이 발달하여 하늘에 차들이 질주하고, 생각만으로 상대의 마음을 읽기도 할 것 같고, 도저히 상상할 수 없구먼. 그런데 그때에도 여전히 활자로 된 책이 나오나 보네.

- **맞아요. 할아버지 시대와는 비교가 안 될 정도로 과학이 발달했죠. 말씀하신 것과 같이 하늘에 찻길이 있을 뿐만 아니라 바닷속에도 도로가 거미줄처럼 만들어져 있지요. 교통편도 발달하여 지구 어느 곳도 단 한 시간이면 갈 수 있게 되었지요. 할아버지는 상상도 못 하실 거예요. 그리고 책은 모두 마이크로 칩으로 보관이 되는데 정말 우연히 할아버지 책을 발견하게 됐지요.**

나: 아~ 세상이 많이 변했네. 한 시간 만에 지구 어디라도 갈 수 있다니! 너무나도 딴 세상이 되었어. 그건 그렇고 혹시 자네는 내 책을 읽어봤는가? 책을 읽고 어떻게 느꼈는지 궁금하네. 솔직히 말해주면 고맙겠네.

- **네, 읽어봤지요. 내용이 너무 재미있고 신기한 게 많아서 연거푸 두 번이나 봤어요. 지금도 내용이 눈에 생생하게 그려지네요.**

나: 그래요? 재미가 없을 것 같은데… 너무 고리타분하고 따분한 얘기만 하지 않았나? 그런데 어떤 얘기가 기억에 오래 남고 신기했던가? 정말 궁금하네.

- 그 당시 세상은 과학이 지금처럼 발달하기 전이라 미신 같은 것이 사람들의 사고를 지배하고 있더군요. 상상 속에서 만들어진 인격신이라든지, 눈에 보이는 물질적인 것들에 집착하고 눈에 보이지 않는 것은 경시하는 것, 그리고 서로 자기 땅이라고 선을 긋고 같은 인간끼리 계속 싸우고 죽이는 것들을 보고 안타까웠어요.

나: 그렇구나. 그동안 과학만 발달한 게 아니라 정신적인 면에서도 많이 성숙해진 것 같아. 눈에 보이지 않는 영성 분야도 많은 인식의 변화가 있었던 것 같아 기쁘군.

- 네. 할아버지. 저도 할아버지 책을 읽고 제일 마음에 와닿았던 것이 바로 할아버지의 뛰어난 영적 통찰이었어요. 날마다 산책하시며 쓴 글들에서 뭇 생명에 대한 존엄성이나 눈에 보이지 않는 영적 깨달음을 추구하시는 글들에 많이 공감했지요. 그리고 모든 생명이 더불어 사는 지구의 환경을 생각한다거나 정신 빠진 정치인들의 권력의지에 맹목적으로 복종함을 우려하는 글들을 읽으면서 속으로 쾌재를 불렀어요.

나: 나의 이런 우려에도 불구하고 결국은 이렇게 훌륭한 세상으로 거듭났으니 다행이구먼. 그리고 내 글에 미래 나의 후손이 이렇게 뜨겁게 공감하고 박수를 보내다니, 참 기뻐!

나는 꿈속에서 그 친구를 꼭 껴안고 한참 동안 환희의 순간을 만끽했다.

그러다 잠에서 깨어났다. 그의 몸에서 발산된 생명의 파동이 시공을 건너뛰어 아직도 여운이 느껴지는 듯했다.

곰곰 생각해 보니 그 친구는 미래의 나의 분신이었다.

나의 분신으로서 나에게 뭔가 중요한 메시지를 전하기 위해 꿈속에 나타난 건 아닐까. 혹시 이런 메시지가 아닐까, 추측해 본다.

> 지금 쓰는 글은 단순히 혼자서 하는 넋두리 같은 것이 아닙니다. 세상 속의 한 인간이 살아가면서 생각하고 경험했던 것을 지금 존재하거나 앞으로 존재할 모든 생명과 교감하는 장(場)이 될 것입니다.
> 이 조그만 영성의 울림은 시공을 초월해 모든 존재에게 영향을 줄 수도 있습니다. 누구에게는 영감과 성찰의 파동으로 전해지고, 또 다른 존재에게는 연민과 위로의 파동으로 그들의 마음을 따듯하게 위로할 것입니다.
> 당신은 결코 혼자가 아닙니다. 주위에 당신의 글이 필요하고 당신을 응원하는 많은 존재가 있다는 것을 알기 바랍니다.

곁에 든든한 응원군이 있다고 생각하니 훈훈한 기운이 느껴졌다.

모니터를 주시하는 두 눈의 동공이 커지고 자판을 두드리는 손길에 힘이 들어갔다.

향기로운 삶

삶은 한 편의 변주곡이다

 우리의 삶은 나만의 개성과 능력에 상상력을 더해 타자와 더불어 만들어가는 여정이라고 할 수 있을 것 같다.
 타자의 삶을 단순 모방하는 데 급급한 사람이 있는가 하면, 자신만의 서사로 또 한 편의 독특한 삶을 만들기도 한다. 우리의 다양한 삶을 모양과 색상의 독창성에 따라 펼쳐본다면 스펙트럼의 양극단 중 중간 어느 지점에 속하지 않을까 생각해 본다.
 삶은 한 편의 변주곡이다!
 각자의 삶은 하나의 주제를 리듬, 화성, 선율을 바꿔가며 작곡가의 자유로운 상상력으로 풀어내는 변주곡에 비할 수 있을 것이다. 얼마 전 베토벤 선생의 디아벨리 변주곡(Diabelli variations, op.120)을 듣다가 문득 이런 생각을 하게 되었다.

산책을 다녀온 뒤 유튜브를 보며 여유로운 시간을 보내던 중 베토벤 선생의 작품을 맛보고 싶었다. 대학 시절에 처음 접하고 매력에 빠져 자주 듣곤 하던 '디아벨리 변주곡'이 왠지 듣고 싶었다.

　이 곡은 베토벤이 디아벨리의 왈츠곡 주제 테마에 영감을 받아 33개의 변주로 펼쳐, 피아니스트에 따라 연주에 43~55분(참고로 굴다는 44분, 리히터는 50분, 안드라스 쉬프는 53분)이 걸리는 대곡이다. 이 곡은 그의 말년에 4년의 숙성 기간을 거쳐, 세상을 떠나기 3년 전에 완성하였는데 그의 최절정의 창작력과 열정이 빚어낸 걸작으로 꼽힌다. 대학 시절에는 피아니스트 알프레드 브렌델의 LP 음반으로 들었지만, 지금은 바흐와 베토벤의 훌륭한 해석가인 프리드리히 굴다의 1970년도 녹화 영상으로 들어본다.

　가볍고 유쾌한 선율로 산뜻하게 출발한다. 베토벤의 평소 고뇌하던 얼굴은 간데없고 콧노래와 간간이 웃음이 곁들인 유머와 풍자가 가득하다. 그의 자유로운 영혼은 기존 제도와 관습의 틀을 훌쩍 뛰어넘어 다른 세계로 안내한다. 야생화들이 저마다 모양과 색깔로 한껏 자기만의 개성을 펼치고 있는 끝없이 넓은 들판으로.

　이 아름다운 들녘에서 그들이 내뿜는 향기에 취해서 이 꽃, 저 꽃 들여다보며 오롯이 즐기다 보니 또 다른 세계가 기다리고 있다. 문을 살짝 열고 들어서니 신비감이 압도한다. 베토벤 특유의 깊은 정신성이 느껴지는 아다지오 선율을 들으며 우주의 별들 사이로 한 걸음 한 걸음 내딛는 내가 보인다. 이 선율은 그의 마지막 피아노 소나타(No.32 c단조 Op.111)의 환상적인 아리에타 악장을 연상케 한다. 이 곡을 듣고 한스 폰 뷜로가 '베토벤 예술의 소우주'라고 말한 이유를 알 것 같다.

우주의 이 별, 저 별과 대화하며 오솔길을 걷다 보니 종착역에 다다랐다. 이 분위기의 여운을 지속시키고 싶었다. 또 다른 우주를 경험해 보고 싶었다. 바흐의 골드베르크 변주곡(The Goldberg Variations, BWV.988)이다.

이 곡을 글렌 굴드의 연주로 듣고 싶었다. 굴드가 눈감기 한 해 전인 1981년 연주했던 영상으로 감상한다.

나는 바흐가 걸어갔던 길을 굴드의 손을 잡고 한 땀 한 땀 걸어간다. 더 넓은 우주 속을 굴드와 함께 오롯이 여행하는 기쁨을 만끽한다. 그는 곡에 몰입하여 터치 하나하나에 혼을 담아서 열정적이고 감정적으로, 때로는 참선하는 고승의 초연함으로 연주한다. 때로는 우주의 춤사위에 흠뻑 취해 천진난만하고 순수한 아이의 모습으로 콧노래를 연신 흥얼거리기도 한다.

글렌 굴드의 이 곡은 쇼팽 콩쿠르에서 우승한 임윤찬 피아니스트가 초등학교 2학년 때 처음 듣고 너무 좋아서 온종일 들었다던 ―지금도 여전히 좋아한다고 한다― 바로 그 곡이다. 기승을 부리던 더위가 한풀 꺾이고 한 가닥의 바람과 함께 밀려오는 스산한 가을의 분위기가 한층 더 음악에 빠져들게 한다. 굴드는 이 곡을 너무 사랑하여 그의 묘비에 이 곡의 아리아 선율을 새겨놓았다.

또 이 곡은 바흐가 불면증에 시달린 백작의 간청으로 수면을 유도

하기 위해 작곡하였다고 전해지는데, 이 곡을 듣는 나의 정신은 오히려 맑아지고 영혼이 정화되는 느낌이다. 완벽한 형식과 아름다운 선율을 갖추고 있으면서도 바흐의 인간적이고 해학적인 면모가 물씬 풍긴다.

이렇게 연거푸 두 곡이 펼쳐 보이는 황홀한 세계를 경험하다 보니 어느덧 두 시간이 훌쩍 지나갔다. 두 거장은 이 단순하고 짧은 선율의 테마를 가지고 어떻게 이처럼 다양하고 아름다운 세계를 창조할 수 있었을까? 아마도 50대 중반의 바흐와 베토벤이 세상이 만든 틀에 얽매이지 않고 만년의 원숙하고 자유로운 영혼을 마음껏 펼쳐 놓았기 때문이 아닐까.

그렇다면 우리도 각자 가진 능력과 개성을 제도나 관습, 주위의 시선에 얽매이지 않고 진정으로 하고 싶은 것에 한껏 자유롭게 펼친다면 자신만의 멋진 작품을 창조할 수 있지 않을까.

한 가닥 깨달음이 왔다.
삶을 한 편의 변주곡처럼 나만의 모양과 색깔로 자유롭게 펼쳐보고 싶다.
이런 삶이야말로 진정 자신을 사랑하고 내가 주인으로 사는 길이다.

독서는 취미가 아니다

 책 읽기는 평소 내가 좋아하기 때문에 별다른 어려움 없이 즐기고 있었다. 그런데 독서를 모두 나처럼 자연스럽게 생각하고 있는 것은 아니었다. 내가 생각하는 책 읽기는 어떤 것이고 독서를 왜 해야 하는지 숙고해 보았다.

 먼저 독서에 대한 옛 어르신의 말씀에 귀 기울여 본다.
 공자는 "배우고 때때로 익히니 어찌 기쁘지 않겠는가"라고 하며 독서의 즐거움을 얘기하셨고, 역대 가장 존경받는 인품을 가진 임금 중 하나로 손꼽히는 정조의 독서관 역시 눈여겨볼 만하다.
 정조는 다양한 방면의 책을 깊이 있게 토론하며 읽음으로써 세상을 바로 보고 백성의 리더로서 자질을 갖추기 위해 신하들에게 독서의 생활화를 강조하고 자신도 솔선수범하였다. 그는 독서계획을 세워 매일 조금씩이라도 책을 가까이하였다. 그는 규장각 관리나 조정 대신들의 독서 습관이 나아지지 않자, 늦은 밤 숙위소에 직접 방문하여 같이 토론하거나 야참을 보내 격려했다고 전해진다.

 이 밖에도 많은 현자의 독서 관련 사례가 있겠지만 이들의 공통된 메시지는 독서는 시대 고금을 막론하고 꼭 필요하다는 것이다. 특히 위 두 사례를 예로 든 것은 과거의 시대적 환경이나 라이프스타일, 특히 독서 환경이 지금과는 너무나 다르다는 것을 말하기 위해서다.

 공자나 정조가 살던 당시엔 식자층이 극히 일부였고 책도 구하기 힘들었으며 생활도 아주 단순하였지만, 현대는 대부분이 문자의 해독이 가능하며 마음만 먹으면 언제든지 책이나 다양한 매체를 통하여 정보를 입수할 수 있게 되었다. 오늘날에는 무엇보다도 독서 환경에 있어서 선택의 폭이 과거의 수십 배, 아니 수백 배 이상 늘어났지만, 한편으로 개인적인 삶 역시 매우 복잡하고 다양한 형태를 띠게 되었다. 과거에는 독서가 의미 있는 삶을 위해 식자라면 누구나 갖춰야 할 덕목 중 하나였으나 물질에 경도된 현대 자본주의 사회에서는 독서 이외의 것들에 우선순위를 둘 확률이 높아진 것이다.

 최근 문화체육부에서 대한민국 약 1만 명의 국민을 대상으로 한 독서실태조사 결과(2022.1.14. 발표)에 의하면 만 19세 이상 성인의 독서율은 연간 약 4~5권 정도이며, 1권 이상 책을 읽은 사람의 비율은 40.6%라고 하였다. 그렇다면 성인 5명 중 3명은 일 년에 한 권의 책도 읽지 않는다는 얘기다. 내 눈을 의심하지 않을 수 없었다. 이게 현실이다.

이 수치는 OECD 나라 중 최하위라고 한다. 실제 연령층이 높아질수록 독서량이 적어지는 한국인의 독서 성향으로 볼 때, 55~65세의 연령층에 있어서 그 격차는 더욱더 벌어진다. 독서를 하지 않는 사유를 들여다보면 제일 많은 것이 바쁘다는 이유이다. 당장에 먹고사는 문제에 천착하여 독서가 돈이 안 된다는 이유로, 혹은 바쁘다는 핑계로 삶의 우선순위에서 밀리는 것이다.

'책을 읽는다고 성공하지는 않지만 성공하는 사람은 누구나 전부 책을 읽는다'라고 누군가 한 말이 생각난다. 우리는 몸의 건강을 유지하기 위해서는 균형 잡힌 식단과 꾸준한 운동 습관을 잘 알고 실천하면서도 정신의 건강을 위해서는 왜 책을 가까이하지 않는 것일까?

젊었을 때는 성취를 위해 혹은 먹고 살기 위한 것에 치우쳐 책을 벗하지 못했다고 하더라도 특히 나이 들어 자신을 돌아보고 남은 삶을 어떻게 살아야 하는가에 관심을 기울이는 시기에 독서는 더욱 필요하다. 우리에게 독서는 단순한 취미가 아니다. 당구를 치거나 산에 오른다거나 색소폰을 부는 취미활동과는 맥을 달리해야 한다고 생각한다.

신문, TV, 인터넷 등 다양한 언론매체를 통해서 사회 지식인이나 정치인, 기업인, 종교인 등의 말을 접하다 보면 자기만의 안경을 쓰고 틀에 박힌 편향된 사고나 선입견을 쏟아내는 사람들을 적지 않게 보게 된다. 이럴 때일수록 이들의 생각에 휩쓸리지 않고 무게 중심을 잡고 흔들리지 않는 사고와 판단이 필요하다. 그렇지 않으면 그들의 생각에 휘둘리며 노예가 되어 그들의 생각대로 살 수밖에 없을 것이다. 그래서 독서를 해야 한다.

 또 나이가 들수록 배워 새로운 걸 알고 보태기보다는 좋은 책을 읽으며 나를 성찰하고 자신의 편견과 선입견을 걷어내야 한다.

 한편으로 독서는 주말 또는 한 달에 몇 번 하는 것이 아니라 매일 꾸준히 생활화하여야 한다. 미국의 보건복지국은 육체에 제대로 도움이 되기 위해서는 "운동은 규칙적이고 인내심이 필요한 정도가 되어야 하고 적어도 1주에 5회 이상, 1회에 30분 이상이 필요하다"라고 규정하고 있는데, 독서 역시 운동하듯 하여야 한다.
 문득 시카고대학의 '고전읽기 프로젝트'가 생각난다.
 미국 시카고대학에서는 졸업하려면 학생 전원이 누구나 100권의 고전을 읽어야 한다는 프로젝트를 추진한 결과, 시행한 지 90년도 채 되지 않아 95명의 노벨상 수상자를 배출하는, 놀라울 만한 성과를 거두었다. 이는 묵직한 고전을 읽기란 쉽지 않은 일이지만 학생들이 꾸준히 책 읽기를 통해 사고의 폭과 깊이를 확장한 결과일 것이다.

 그렇다면 이것을 우리의 삶에도 적용하여 봄이 어떨까?
 비록 나이가 들었지만 그동안 읽고 싶었지만 읽지 못했던 책이나 자신의 취향에 맞는 신간 서적을 매월 계획하여 실행에 옮겨볼 것을 제안하고 싶다. 좋은 책을 고르는 안목을 가지고 깊이 있는 독서를 함으로써 통찰과 깨달음을 얻고 나의 삶에 변화를 가져올 때 비로소 우리는 '더 나은 나' '지혜로운 나'로 거듭나게 될 것이다.

나의 멘토 엘리 위젤의 절실한 말이 생각난다.

그는 역경의 틈바구니에서 삶의 의미를 찾게 해주고 자신을 일으켜 세운 것은 배움이었다고 실토했다. 누구에게나 시련은 있기 마련이고 이러한 시련을 지혜롭게 극복하고 제대로 살기 위해서는 배움이 필수라고 하며 그는 죽기 직전까지 배움의 끈을 놓지 않았다.

'Ancora Imparo'(나는 아직도 배우고 있다)

미켈란젤로가 그의 나이 87살에 시스티나 성당의 천장 그림을 완성한 뒤, 스케치북 한쪽에 적어놓았다는 글귀를 가슴 속에 다시 한번 되새겨본다.

떨어져서 지켜보기

성인 자녀를 대할 때 의식적으로 실천하려는, 나만의 원칙이 있다. 자녀를 거리를 두고 떨어져서 바라보자는 것이다.

부모의 눈에는 자녀가 결혼하여 독립해서 살거나, 같이 살고 있거나에 관계없이 자신이 계속 보살펴 줘야 할 아이로만 보인다고 한다. 나 역시 가끔 이런 충동을 느껴서 때로는 필요 이상 관심을 쏟고 간섭을 하게 된다.

자녀의 시각에서 보면 부모의 지나친 관심이나 불필요한 개입은 자신의 자유를 억압하는 것이요, 독립적 사고를 방해하는 것일지도 모른다. 심지어는 부모가 지나친 관심으로 던진 한마디에 자녀가 오히려 상처받아 마음속 깊은 트라우마가 되는 경우도 적지 않게 봐왔다. 그래서 언제부턴가 나만의 원칙을 정하여 실행에 옮겨보기로 결심한 것이다.

성인이 된 자녀를 이웃 젊은이 보듯 멀찍이 떨어져 지켜본다.

내 아이로서가 아니라 잘 아는 이웃 젊은이를 대하듯, 친한 후배를 대하듯 한다. 그들에게 나의 존재는 옆집 친근한 아저씨 혹은 멘토 역할을 하는 선배 정도로 생각하도록 한다. 또한 자녀가 스스로 결정하기에 힘들다고 생각되면 조언을 하되 한두 번 얘기하는 것으로 그친다. 그 이상 개입을 하거나 설득하고 충고하는 행위는 최대한 자제하도록 한다.

자녀가 거친 세상에서 항해하다 지치고 힘들어할 적엔 선뜻 달려가 일으켜 세우기보다는 스스로 극복할 수 있는 기회를 주면서 시련을 통하여 배우고 깨달아 갈 수 있도록 지켜본다. 때로는 가만히 다가가 따뜻한 가슴으로 꼭 껴안아 주며 격려하고 응원한다. 부모의 역할은 단지 자식의 삶을 옆에서 바라보며 마음으로 지지하고 말보다는 행동으로 삶의 모범이 되며 자녀의 숨겨진 재능 개발에 도움을 주는 정도일 것이다. 나의 욕망이나 의도, 두려움이나 불안이 묻어있지 않은, 다정한 시선으로 바라보는 것이다. 우리가 바라는 대로 되기를 욕심내기보다는 있는 그대로를 볼 때 우리의 시선은 친절하고 평화로우며 치유력까지 갖게 될 것이다.

이렇게 부모 자녀의 관계가 정립된다면 부모는 자녀를 독립된 성인으로서 인격적으로 존중하고 배려하게 되고, 자녀는 부모의 울타리에서 벗어나 자유롭게 자신의 삶을 펼치게 될 터이다.

부모가 나이가 들어서는 자식에게 어떤 부모가 되어야 바람직할까? 진정으로 자식을 위하는 부모는 자식에게 보채지 않고 독립적으로 꿋꿋하게 잘 살아가는 부모가 아닐까? 자식에게 부담이 되지 않고, 자식이 홀가분하고 자유롭게 세상을 살아갈 수 있도록 발목을 잡지 않는 것이다.

  자녀는 함께 살기 위해 미리 부모를 선택하여 이 세상에 나온 존재라고 생각한다. 이런 인연으로 한 가족으로 한 지붕 아래에서 삶을 공유하게 되었고, 보고 싶었던 얼굴을 매일 보는 행운을 얻게 되었다. 그렇다면, 우리가 알지 못하는 무수한 세월 동안 공을 쌓아 얻게 된 이 귀한 인연을 허투루 보내서는 안 된다. 그런데 우리는 평소 힘들이지 않고 매 순간 쉽게 경험하기에 맑은 공기의 중요성을 망각하고 살듯이, 이 귀한 인연 역시 너무 소홀히 생각하는 것은 아닐까?

  앞으로도 오랫동안 이 소중한 인연을 지속하기 위해서는 서로 말과 행동을 조심하여 상처 주지 않고, 지나친 간섭과 기대는 자제하여 서로의 삶에 장애가 되지 않도록 해야 할 것이다.

  원로 상담가 양순자 할머니가 나이 든 사람들에게 따뜻하면서 통찰력 있는 조언 한마디를 던진다.

> 젊은이들 앞에서 고집부리지 말고 알아도 모른 척, 그 애들 이야기 먼저 들어주고 잘못한 것 눈에 들어와도 나 어릴 적 필름 돌려보면서 꾹 참고. 배가 산으로만 가지 않는다면 (애들이) 헤매고 방황해도 가만히 지켜보는 노인이고 싶다. 노인은 웃어도 밉다는데, 나는 안 웃어도 예쁜 노인이고 싶어.
>
>   (출처: 양순자, 《어른 공부》, 시루, 2012)

나 역시 인생의 경륜을 꼰대처럼 가르치지 않고, 젊은이의 눈높이에 맞춰 알아도 모른 척, "나도 그때는 철이 없어 그랬었지" 하면서 가만히 떨어져 지켜보며 우아하게 나이 드는, 멋있는 아버지이고 싶다.

자족하는 마음

저녁 산책길에 나섰다.

주위 푸나무들의 자태가 한층 여유롭고 성숙해 보인다. 낮에 본 분위기와는 또 다른 정취를 느낄 수 있었다.

웬일일까? 햇빛이 달빛으로 바뀐 이유도 있겠지만 주원인은 나에게 있었다.

낮에는 볼일이 있어 지나치며 건성으로 그들을 보게 되었고, 지금은 느긋하게 산책하며 하나하나 둘러보고 생각하면서 걸었기 때문이었다.

좁은 오솔길을 지나가게 되었다.

평소에도 여러 번 지나다녔음에도 길 한 편에 새롭게 눈에 띄는 게 있었다. 나지막한 관목들 머리 위에 울긋불긋한 낙엽이 소복하게 쌓여있었다. 보기에 정겹다. 관목과 옆 키 큰 나무의 잎새들이 서로 만나 반갑다고 도란도란 얘기를 나누는 듯하다.

그동안 엄마 나무에 매달려 아래 관목 친구들을 멀리서만 보다가 이렇게 직접 만나게 되니 얼마나 반가울까? 이해가 간다. 그리고 옆에서 이들을 지켜보는 엄마 나무도 아이들을 떨구고 난 아쉬운 마음은 간데없고 이제는 먹여 살릴 식솔을 들게 되어 홀가분할 것만 같다. 곧 힘들게 버텨내야 할 겨울이 다가오기에.

비록 아이들을 떠나보내는 안타까움은 있지만, 자연의 순환에 적응하기 위해서 기꺼이 수용하는 마음. 이 마음은 현실을 있는 그대로 받아들이는 것이다. 여기에는 세상에 대한 어떠한 불만이나 한 점의 원망도 붙어있지 않다. 나는 나무의 이런 마음을 '자족하는 마음'으로 부르고 싶다.

지구촌 곳곳에서 재난과 환경문제가 야기되고, 팬데믹이 세계를 강타하고 있을 뿐만 아니라 국가 지도자의 비뚤어진 신념이나 영토와 자원에 대한 욕심으로 인해 전 세계가 전쟁의 광풍에 휩쓸리는 실정이 벌어지고 있다. 이러한 위태로운 상황들도 알고 보면 인간의 못 말리는 욕심 때문이라는 것이 확연하게 드러나고 있다.

또한 우리가 기업의 과장된 광고에 이끌려 무심코 과소비하는 먹거리나 생활용품, 거기서 나오는 쓰레기, 그리고 더 많은 물건을 생산하기 위해 가동하는 공장에서 뿜어 나오는 환경 오염 물질의 배출 등으로 지구는 몸살을 앓고 있다. 이런 현상들이 지구의 존속에 영향을 주는 문제이기 때문에 무엇보다도 심각하다.

우리는 삶의 현장에서 몸의 감각뿐만 아니라 매시간 미세먼지 농도를 체크하고 대기 오염 환경기준인 아황산가스 수치를 확인하며 지구 생태환경의 변화를 생생하게 체험하고 있다.

　우리는 이러한 문제를 어떻게 극복할 것인가?
　나무의 자족하는 삶에서 문제해결의 단초를 찾을 수 있지 않을까.

　무엇보다도 먼저 우리의 욕심을 줄여야 한다.
　지금 내가 가진 것이 지나치게 부족하지 않으면 충분하다고 생각하여 더 이상 욕심을 내지 않는 것이다. 하지만 에고의 욕망은 너무나 강렬하고 끈질겨서 쉽게 통제되지 않는다. 이것은 우리가 사회 곳곳에 배어있는 물질 만능에 길들여져 '많이 생산하여 많이 소비하는 것이 잘 사는 것'이라는 소비주의에 함몰되어 있기 때문일 것이다. 굳이 종교인이 아니더라도 지구를 살리기 위해서, 우리 자손에게는 더 나은 내일을 물려주기 위해서라도 '욕심 줄이기'를 실행하지 않으면 안 된다.
　먼저 나부터 절제하는 삶을 실천하고자 한다.
　저 옛날 고대 로마 그리스시대 스토아학파나 에피쿠로스가 보여줬던 엄격한 절제까지는 아니라 하더라도, 자신의 분에 넘치지 않는 최소한의 절제는 노력한다면 달성할 수 있으리라 생각한다. 즉, 끊임없이 소비를 부추기는 기업의 광고에 현혹되어 무분별한 소비의 노예가 되지 않고 또 남을 의식한 필요 이상의 소비를 자제하는 것이다.

　다음으로 주어진 것에 감사하는 삶이다.

욕심꾸러기 에고의 투정에 휘둘리지 않고 내가 주인인 삶을 살기 위해서는 이미 가진 것에 감사하고 자족하는 마음을 내는 것이다. 그러면 필요 이상의 분에 넘치는 욕심은 자제하게 되고 자연스럽게 세상에 대한 불만이나 원망, 그리고 타인에 대한 시기나 지나친 경쟁의식도 줄어들게 될 것이다.

결국 우리가 지향하는 바람직한 삶은 행복한 삶이다.
우리 모두 행복하기 위해서는 나만을 위한 이기적인 욕심을 추구할 것이 아니라 궁극적으로 모두에게 이익이 되는 원(願)을 성취하기에 힘써야 한다. 살다 보면 욕심과 원이 잘 구분이 되지 않을 때도 있는데 혼동하지 않도록 유념해야 할 것이다.
욕심이나 원은 다 같이 뭔가를 바라는 것이지만 근본적으로 차이가 있다. 욕심은 성취되지 않으면 원망과 자책으로 괴롭지만, 원은 성취되지 않아도 괴롭지 않고 자신의 부족함을 깨닫고 더욱 노력하게 된다. 또한 욕심은 결과에 집착하게 되어 과정을 즐기지 못하는 데 반하여, 원은 결과에 연연하지 않고 현재에 집중하여 과정을 즐기는 데 있다고 할 수 있다. 이렇게 욕심보다는 원을 추구하게 될 때 우리는 행복에 더 가까이 갈 수 있을 것이다.

주어진 것에 감사하고 자족하며 절제하는 삶이야말로
진정 지구를 살리고 행복해지는 길임을 확신한다.
당장 나부터 행동으로 실천해야겠다.

안경 너머 슈베르트를 보다

초겨울 쌀쌀한 날씨, 저녁 어스름에 산책을 나섰다.

이 분위기에 딱 제격인 슈베르트의 〈겨울 나그네〉를 듣는다. 음악을 감상하다 보니 슈베르트란 인물에 대하여 더 알고 싶은 충동을 느꼈다. 인터넷 도서관을 검색하여 두 곳에서 슈베르트 관련 책 두 권을 빌렸다.

엘리자베스 노먼 맥케이의 《슈베르트 평전》과 또 한 권은 성악가 우벽송 씨가 쓴 《닥치고 슈베르트》란 책이다. 우벽송 씨는 미국 버클리대학에서 비트겐슈타인 철학을 전공하고 이태리 산타 체칠리아 음악원에서 성악을 공부한, 특이한 경력을 가진 사람이다.

평소 슈베르트의 음악이 좋아 틈틈이 들어왔음에도 책에서 그의 곡이 언급될 때마다 따라서 듣게 되었다. 그동안에는 음악 자체에만 몰입하여 들었는데 책을 읽으며 음악이 작곡되는 시기의 슈베르트의 생활환경이나 심적 변화를 이해하면서 듣게 되니 음악의 공감도가 더욱 높아지는 것 같다.

 대학 시절부터 슈베르트의 음악을 들어 왔지만 내가 아는 슈베르트는 그의 음악에서 와닿는 애잔함과 슬픔, 외모에서 풍기는 고독과 소외 그리고 지독한 가난과 말년의 병마로 삶이 힘들었던 음악가 정도에 그쳤다. 하지만 책에서 본 슈베르트는 내가 막연하게 상상했던, 소심하고 불행에 찌든 슈베르트가 아니었다. 그의 또 다른 면을 보게 되었다.

 그는 오스트리아 빈에서 좀 떨어진 마을에서 평범한 가정에서 태어났다. 부친은 헌신적인 교사일 뿐 아니라 음악에도 소질이 있어서 첼로와 바이올린을 켤 줄 알았던, 양심적이고 근면한 사람이었다. 모친은 상냥하고 선량한, 아이들에게 따듯한 여인이었다.

 그의 가족은 함께 4부 합창곡을 부르거나 4중주를 연주하곤 했다(아버지는 첼로, 형 두 명이 바이올린, 슈베르트는 비올라를 맡았다). 슈베르트는 어려서부터 음악에 대한 재능이 뛰어나 레슨을 받은 지 고작 몇 달 만에 그의 작곡기법은 상당한 변화와 성장을 거듭했다. 또한 고독을 선호하는 경향을 보였고 타고난 감수성과 탁월한 표현력으로 시에도 남다른 관심과 애정을 쏟았다고 한다.

 그는 성인이 되면서 특유의 순수성과 내향적 성격으로 인해 사회생활에 어려움을 겪었다. 차근차근 경력을 쌓아 유명해지려는 욕심도 없었고 요령을 피우거나 약삭빠르게 책략 부리는 걸 더더구나 혐오했다.

또 그는 근면하여 매일 오전에는 곡을 썼다고 전해지는데 이런 그가 25세가 되면서 돌연 태도의 변화가 일어났다. 벗들에게 느끼던 애정을 물리치고 거부하는 모습을 보이고, 돕고자 하는 이들을 이유 없이 연락을 끊고 지내기 시작한다. 이렇게 1년 이상 행실이 무책임한 친구와 어울려 방탕한 생활을 하다가 성병까지 얻게 된다. 그의 일탈의 배경에는 사랑하던 연인이 결혼하여 떠나갔으며 각별하게 공들인 작품이 세상에서 외면받기도 하고, 비열한 사람들로부터 받은 마음의 상처가 컸던 탓으로 보인다.

이런 그를 비정상적인 사람으로 볼 필요는 없을듯하다. 20대 중반 젊은이의 성장 과정에서의 한때의 일탈은 흔히 경험할 수 있는, 누구나 한 번쯤은 체험했을, 지극히 정상적인 일이 아닐까?

그는 이 난관을 '고통받는 예술가상'이라는 낭만파 특유의 관념으로 대수롭지 않게 받아들였다. 이 생활의 변화는 음악에서도 그대로 표출되었다.

그의 평전을 쓴 저자는 이렇게 말하였다.

> 그의 초창기 음악에서 자주 발견되었던 순수함, 활기찬 기쁨, 열정, 유머 등이 자취를 감춘 빈자리에는 진지함, 음울한 비애, 체념 심지어는 강압적인 에너지와 난폭한 분노가 들어왔다. (중략) 그러나 그것이 그의 창조적 천재성에는 오히려 이로운 효과로 나타났다.
>
> (출처: 엘리자베스 노먼 맥케이, 《슈베르트 평전》, 이석호 역, 풍월당, 2020)

예술가의 전기나 소개 글을 읽다 보면 긍정적이고 밝은 성격보다는 어두운 면을 강조하는 글들을 흔히 보게 된다. 아마도 예술가는 힘든 고통의 순간을 극복하는 과정에서 아름다운 작품이 잉태되는 거룩한 승화의 희열을 맛본다고 생각하기 때문이 아닐까?

그의 성격 내면에는 상반된 극단, 즉 부드러움과 거침, 붙임성과 비애감, 그리고 빈 특유의 흥과 깊은 우수가 혼재되어 있었다. 슈베르트가 죽기 한 해 전(1827년)에 쓴 〈겨울 나그네〉와 8곡의 즉흥곡(D.899, D.935)을 들어보면 알 수 있다. 가슴 저미는 아름다운 가곡과 즉흥곡 곳곳에 스며있는 천상의 멜로디는 그의 내면의 고통과 슬픔으로부터 자연스럽게 흘러나온 거룩하고 숭고한 영혼의 소리였다.

슈베르트 역시 이걸 인지한 듯 "고통은 이해를 날카롭게 벼리고 정신을 강하게 만들어준다"라는 글을 공책에 남기기도 하였다.

그가 한참 방황하고 고통스러운 시간을 보내고 있었던 그의 나이 25살(1822년 11월)에 작곡한 곡을 다시 들어본다. 훗날 '방랑자 환상곡(Wanderer Fantasie)'으로 불리게 될 〈피아노를 위한 환상곡 C장조(D.760)〉이다. 조성진 씨가 2019년 헬싱키에서 연주한 실황 영상으로 들어봤다.

처음 도입부부터 평화롭던 광야에 광풍이 한바탕 휘몰아친다. 한 차례의 휘모리가 지나가자 들릴 듯 말 듯, 잔잔한 선율이 조성진 씨 특유의 섬세하고 부드러운 터치로 눈물겹도록 아름답게 그려진다.

슈베르트는 친구들에게 이 작품을 들려주면서 "이 작품을 제대로 연주하는 이는 악마일지도 모른다"라고 말했다고 한다. 조성진 씨의 이 소름 돋는 완벽한 연주는 아마도 작곡 당시의 슈베르트와 같은 나이이기에 더욱 작곡가와 감정이입이 되었기 때문일까?

그동안 내가 알던 그의 영혼은 깊은 우수로 가득한 눈길로 조용히 바라보는 순수한 영혼이었다. 그러나 지금 이 환상곡에서 슈베르트의 또 하나의 영혼, 에너지와 자신감으로 충만한, 심지어 단호하고 거친 영혼을 보게 되었다. 괴테가 《파우스트》에서 묘사한 글귀의 이미지와 겹쳐진다.

> 두 개의 영혼이, 아! 내 가슴 속에 담겨있다./ (중략) 하나의 영혼은 천박한 욕망으로 세상을 추구하며/ 모든 기관을 동원해 세상을 붙들려 하고/ 다른 영혼은 안개를 뚫고 위로 솟아온다./ 우리 고귀한 선조들이 있는 높은 곳으로 나아가려 하네.

그렇다. 우리 인간에게는 상반되는 두 가지 본성의 영혼이 공존한다. 빛과 그림자처럼 항상 붙어있어서 서로 떼어놓을 수도 없다.

그림자를 애써 숨기려 말고,
있는 그대로 느끼되
다만 물들지 않을 뿐이다.

《슈베르트 평전》을 읽고

《슈베르트 평전》을 꼬박 사흘 걸려 완독했다.

옥스퍼드 대학에서 슈베르트의 음악에 관한 글로 박사학위를 받은 엘리자베스 노먼 맥케이의 책이다. 700페이지가 넘는 방대한 분량의 책에는 내가 알고 싶은 슈베르트의 모든 것이 실려있었다. 슈베르트 주변 지인들의 말과 서신, 세상의 평판 등은 물론 슈베르트가 세상에 알리고 싶지 않을 내밀한 것까지도 알게 되었다.

이 책을 보며 두고두고 음미할만한 내용은 빠짐없이 기록해 두었다. 노트 열 페이지를 깨알 같은 글씨로 빼곡히 채웠다. 이제는 슈베르트가 생각날 때면 노트를 읽어보고 유튜브로 그의 음악을 듣기만 하면 될 터이다.

31년 9개월 20일!

이 숫자는 슈베르트가 태어나 세상에서 살았던 세월이다. 이 책을 번역한 이석호 씨는 이 짧다면 짧은 기간 동안 자신은 뭐 하나 제대로 해놓은 게 없었다고 허탈한 표정을 지었다.
　그러면 나는 어떨까, 생각해 봤다.
　나 역시 마찬가지였다. 대학 졸업하고 회사에 들어가 그 나이에는 신입사원으로서 회사생활에 적응하느라 정신이 없을 나이였다. 이렇게 먹고 살기 바쁜 나날을 보내며 지금까지 슈베르트보다 두 배나 더 오래 살아왔다. 약 200년의 시공을 뛰어넘어 그의 삶을 다시 들여다봤다.
　노트를 뒤적이며 음미하고 싶은 점을 몇 가지로 정리해 본다.

　그는 순수한 인간성과 세심한 감수성을 지닌 휴머니스트였다.
　그는 너무나 순수했다. 세상살이에 잘 적응하기 위해서는 적당히 페르소나를 연출하고, 눈치껏 요령도 피우고, 때때로 기회주의자가 되어야 하지만 그는 이런 걸 싫어했고 더 나아가 혐오했다. 이것은 그가 원활한 사회생활을 하는 데 적지 않은 장애가 된듯하다. 그가 19살이 되도록 〈마왕〉을 비롯해 200여 점의 가곡을 썼지만, 그때까지 한 점도 돈을 받고 쓴 곡이 없었다는 것만 봐도 짐작이 간다. 마치 고흐가 살아생전 팔았던 그림이 단 한 점뿐이었던 것처럼.
　반면에 그는 처세에는 서툴렀지만 특유의 순수성으로 오히려 친구들에게 더욱 각별한 관심을 가졌고, 친구들도 슈베르트를 좋아했다. 친구들은 그가 음악의 천재여서가 아니라 그의 넉넉한 마음 씀씀이, 다정하고 겸손한 천성, 진솔하고 정직함, 그리고 타고난 감수성을 사랑하였다. 그들은 슈베르트의 재능이 세상에 알려지지 못하고 있는 것을 안타까워하며 그에게 많은 도움을 줬다. '슈베르티아데'('슈베르트의 밤'이라는 뜻)라는 모임을 만들어 슈베르트에게 새로운 곡을 발표하도록 장을 마련하고 홍보하여 그가 더욱 좋은 곡을 쓰도록 동기를 부여하였다.

그의 탁월한 감수성은 음악뿐만 아니라 시에도 많은 애정을 갖게 되어 괴테나 빌헬름 뮐러, 존 키이츠 그리고 렐슈타프 등 시인들의 시에 아름다운 멜로디를 입혀 사람들이 널리 음미하도록 하였다.

그는 자신이 하고 싶은 것에 대한 집요한 열정과 무서운 집중력을 가졌다.

그는 매일 아침 6시부터 오전 내내 작곡에 몰입하였다. 그가 작곡을 시작하여 15년 동안에 약 1,100여 곡의 작품을 남긴 것만 봐도 알 수 있다. 어떻게 이 많은 곡을 쓸 수 있었을까? 계산기를 두드려 봤다. 매월 6곡 이상을 쓴 셈이었다. 이게 가능한 일일까? 고개를 갸우뚱하게 만든다.

그는 한밤중에도 문득 악상이 떠오르면 일어나서 즉시 곡을 쓸 수 있도록 안경을 쓰고 잠자리에 들곤 했고, 때로는 냅킨을 뒤집어 급히 떠오른 악상을 기록했다고 전해진다. 이렇게 그는 죽기 직전까지 치열하게 작곡에 몰입하였다. 병석에 누운(1828년 11월 초) 후 다시는 일어나지 못할 운명임을 스스로 알고 있기나 한 것처럼, 병석에 눕기 약 일 년 전부터는 오로지 작곡에만 전념했다. 이 짧은 기간에 곡을 써놓고도 출판하지 못해 오랫동안 잊혔다가 훗날 빛을 본 작품이 열 곡이 넘는 걸 보면 알 수 있다. 한 곡 한 곡이 모두 예술성이 뛰어난

주옥같은 작품이다.

 현악 4중주 D 단조(1831년 출판), 최후의 피아노 소나타 3곡과 피아노 트리오 B플랫 장조(1839년 출판), 대교향곡 C 장조와 피아노 연탄 알레그로 A 단조(1840년 출판), 현악 4중주 G 장조(1851년 출판), 현악 5중주(1853년 출판), 미사 E플랫 장조(1865년 출판), 그리고 미처 완성하지 못한 교향곡 D 장조(1867년 출판)가 ― 이 곡은 우리가 익히 알고 있는 미완성 교향곡(B단조)이 아니다. 이 곡이야말로 진정한 백조의 노래이다 ― 바로 사후 출판된 작품이다.

 마지막으로 그는 진정으로 자유로운 영혼을 가진 음악가였다.
 내면의 소리를 경청하며 자신이 진정으로 하고 싶은 것이 무엇인지를 알고 세상의 이목이나 평판에 개의치 않고 자신만의 길을 흔들림 없이 걸어갔다.
 언젠가 그는 친구인 휘텐브레너에게 이렇게 말했다.

 "이대로 괜찮아, 나는 작곡하려고 이 세상에 태어난 사람이니까!"

 아마도 그는 세상에 오기 전 음악을 하기로 작정하고 온 것 같다. 아니면 전생에 유명한 작곡가였는지도 모른다. 그는 오직 음악만을 위해 태어난 것이리라. "그의 이 세상 순례길은 짧았지만, 그의 음악이 간직한 정신은 끝없이 이어지리라"라는 존 라이트너의 말이 가슴속에 잔잔한 울림을 준다.

책의 마지막 장에서 저자는 인간 슈베르트에 대하여 이렇게 썼다.

> 슈베르트는 자신에게 주어진 운명을 체념하고 받아들였다. 다른 이들의 동조나 연민을 기대하거나 요구하지 않았고, 설령 그것이 주어졌다 한들 크게 고마워하지도 않았을 것이다. 고통과 괴로움은 그의 삶의 일부였다. (중략)
> 그는 좋은 벗들과 어울리며 대화하길 즐겼지만 동시에 자신이 가장 생산적일 수 있는 홀로 있는 시간 또한 즐겼다. (중략) 한편으로는 격동적인 사생활이 그를 강하게 추동하기도 했다. 이렇게 고양된 상태에서 격렬한 삶을 살았던 이가 바로 슈베르트였다.
> (출처: 엘리자베스 노먼 맥케이, 《슈베르트 평전》, 이석호 역, 풍월당, 2020)

슈베르트가 세상과 이별하기 닷새 전, 병석에 누워서 듣고 기쁨과 환희에 어쩔 줄 몰랐다는 곡, 베토벤의 '현악 4중주 C샵 단조 op.131'가 문득 듣고 싶다. 그는 아마도 바로 전 해에 세상을 떠난 존경하는 분의 곡을 감상하며 곧 만나 뵙기를 원한 게 아니었을까?

차가운 비가 내리는 날씨에 그의 장례식 운구가 베링 국립묘지로 향했고 그의 소원대로 그는 존경하는 베토벤 묘지 옆자리에 안식처를 마련하였다. 그리고 약 1주일 후에는 슈베르트가 가장 좋아하는 모차르트의 〈레퀴엠〉 연주를 들으며 성 울리히 성당의 위령 미사가 진행되었다.

존경하는 분 옆에서 안식을 얻고, 좋아하는 〈레퀴엠〉을 감상하며 내면의 열락을 맛본 슈베르트야말로 진정 지극한 행복을 얻은 것이리라.

안경 너머 외로워 보이던 그의 얼굴에 환한 미소가 번진다.

나이가 든다는 것은

 요즘 나이가 들어가는 것을 몸으로, 또는 마음으로 자주 실감하게 된다. 생명을 가진 존재라면 숙명적으로 거쳐야 하는 통과의례 같은 것이라고 차치하기보다는 나이 듦의 진정한 의미가 뭔지, 또 그것이 삶에 있어서 어떻게 표출되는지 진지하게 탐구해 보고 싶다.

 먼저 나이 듦의 의미를 생각해 본다.
 한낮의 열기가 가시고 서서히 땅거미가 질 때면 우리는 하던 활동을 멈추고 일터에서 자신의 보금자리로 돌아간다. 자신과 가족을 들여다보며 안식의 시간을 갖고 소진된 에너지를 충전한다.
 나이가 들어가는 것도 이와 같지 않을까?
 열심히 일하고 배워서 경험과 지식을 채워가기보다 기존의 불필요한 관념이나 번잡한 지식은 하나씩 걷어내며, 몸과 영혼의 무게를 가

녑게 하게 된다. 나이 들어가는 것은 결국 세상을 집착 없이 홀가분하게 떠날 수 있도록 준비하는 과정이라고 할 수 있을 것 같다. 마치 한 편의 영화를 아름답고 온전하게 마무리하듯이.

한편 나이 듦은 시들어 가는 과정이 아니라 성숙해 가는 과정이다. 빛나는 쟁취를 위해 앞으로 나아가는 대신 나를 돌아보고 관조하는 과정이다. 이 과정은 새로운 탄생을 위한 준비단계이기도 하다. 마치 자연의 순환 원리와 같이 꽃이 시들어야 열매를 맺게 되고 그 열매의 씨가 땅에서 새 생명을 잉태할 수 있게 되는 것처럼.

우리는 흔히 노화에 대한 부정적 편견에 사로잡히곤 한다. 오랜 세월이 지나면 낡아빠진 사물들은 폐기하고 새것으로 교체해야 하는 것처럼 나이 든 인간에 대해서도 그렇게 생각하고 있는 건 아닐까.

하지만 인간은 사물과는 다르다. 사르트르에 의하면 본질이 존재에 우선하는 즉자적(卽自的) 존재인 사물과는 달리, 인간은 존재 그 자체가 본질에 우선하는 대자적(對自的) 존재이다. 본질적으로 나를 구속하는 것은 없으며 스스로 선택하고 행동하며 책임짐으로써 자신의 존재 의미를 만들어가는 창조적 존재이다.

작가 플로베르는 "나이가 들어감에 따라 꼭 필요한 것과 부차적인 것을 구분할 줄 알게 되고, 세세한 것들로 공연히 삶을 허비하지 않게 되며, 짜증 나는 일로 시간을 허비하지 않는 법을 터득할 수 있어서 실존이 더 가벼워진다"라고 하였다. 나 역시 나이가 들어가면서 잃는 것보다 훨씬 많은 것을 얻게 되는 것 같다. 육체적인 기능의 쇠약에서 오는 불편함이나 미래에 대한 불안감보다는 세상일에 거리를 두는 초연함과 외부의 시선으로부터 자유로움, 그리고 일상에서 발견하게 되는 소소한 기쁨에서 짜릿한 행복감을 더욱 자주 맛보게 된다.

늦가을 빨갛게 잘 익어가는 단풍잎처럼 멋있게 나이 들어가는 사람들을 보며 나의 경험과 지식 그리고 그동안 멘토로부터 받은 지혜를 바탕으로 닮고 싶은 그들만의 특징을 생각해 봤다. 크게 3가지로 정리해 볼 수 있을 것 같다.

첫째, 그들은 자유로운 영혼을 지향하고,

둘째, 영적 감수성과 통찰력이 남다르며,

마지막으로 그들만의 지극한 내면의 행복을 맛보고 있다.

무엇보다도 먼저, 그들은 온갖 사회적 요구나 속박으로부터 초탈한 자유로움을 느낀다. 젊어서 앞만 보고 달려오며 경쟁하며 추구했던 사회적 성공이나 개인적 성취에서 한 걸음 물러나 자신을 객관적으로 돌아보면서 삶의 의미를 조명해 본다. 세상의 인정과 칭찬에 집착하지 않고 진정 내가 하고 싶은 것을 찾아서 나만의 개성 있는 삶을 당당하게 살아가는 자유로움을 만끽한다.

몽테뉴는 그의 수상록에서 노년은 '진짜 삶'을 사는 나이라고 생각하며 "오롯이 우리만의 뒷방을 하나 마련해 두고, 우리의 진정한 자유와 주된 은둔지와 고독을 그곳에 두고 우리가 완전히 진솔해지는 때다"라고 했다.

얼마 전 본 책에서 '젊은 노인'으로 멋지게 살기로 한, 어느 어르신의 버킷리스트가 인상 깊었다.

> 자신이 원하는 대로 살기, 96살에 사랑에 빠지기, 밤에 책 읽기, 바다 수영하기, 일출 감상하기, 초봄에 고지 방목을 떠나는 목동들을 따라 걷기, 매일 시 한 편을 외기, 6개월마다 새 책 한 권씩 쓰기
> (출처: 로르 아들레르, 《노년 끌어안기》, 백선희 역, 마음산책, 2022)

그들의 특징 중 두 번째로는 영성에 눈을 뜨고 영혼을 더욱 성숙시켜 간다는 것이다. 나와 상대가 보이지 않는 큰 힘으로 연결되어 있음을 깨닫고, 더 이상 에고의 욕망에 휘둘리지 않는다. 눈에 보이는 물질적인 것의 욕심에서 벗어나 내면의 소리에 귀 기울이며 자신을 온전히 비우려고 노력한다.

우리는 그들의 성숙한 영혼을 시나 음악, 미술 등 예술적인 행위로 승화된 작품들을 보면서 어렴풋이나마 감지할 수 있다.

월트 휘트먼 시인은 〈나 자신의 노래(Song of Myself)〉라는 시에서 모든 물질과 생명체에 퍼져있는 영적 힘과 조화로움을 감지하고 공간의 모든 것에서 신성을 보고 본질적으로 하나임을 노래하였다. 또 윌리엄 블레이크는 야생화에서 천국을 보았고, 워즈워드는 패랭이꽃과 무지개에 감동하였고, 에머슨, 소로우, 디킨슨 등 시인들도 뛰어난 영적 감수성으로 자연과 영혼의 본질을 통찰했다.

시인뿐만이 아니다. 베토벤은 그의 말년에 5곡의 피아노 소나타와 9번 교향곡, 마지막 현악사중주에서 세상의 틀에 얽매이지 않는 초연함과 영적 초월성을 보여주었고, 모네 역시 느지막하여 백내장으로 시력을 거의 잃었음에도 성숙한 영혼의 눈으로 자연의 본질을 꿰

뚫어 불멸의 작품인 〈수련〉을 완성하였다. 그는 〈수련〉을 그리며 이렇게 말했다.

> 눈에 보이는 것을 그리지 말고, 보이지 않는 것을 그릴 것.
> 우리는 아무것도 보지 못하므로.
> (출처: 로르 아들레르, 《노년 끌어안기》, 백선희 역, 마음산책, 2022)

이렇듯 연륜은 눈에 보이는 세상일에 초연토록 하고 끊임없는 영감으로 느지막하게 천재성에 가까운 작품을 창조하게 한다.

마지막으로 그들은 나이 들어 애써서 바깥으로부터 행복과 기적을 찾기보다는 내면에 집중하여 살아있다는 것에 감사하며, 평범하고 소소한 일상에서 반짝이는 깨달음과 행복을 발견한다.
헤르만 헤세는 노년의 안목에 대해 이렇게 말하였다.

> 우리는 노년이 되어가면서야 비로소 아름다운 것이 드물다는 것을 알게 된다. 공장과 대포 사이에서도 꽃이 핀다는 것, 그리고 신문과 증권들 사이에서도 시가 살아 움직인다는 것이 사실상 기적임을 깨닫게 된다.
> (출처: 헤르만 헤세, 《어쩌면 괜찮은 나이》, 유혜자 역, 프시케의 숲, 2017)

나 역시 나이가 들어감에 따라 어렴풋이 본래의 나를 조금씩 알아가며 세상의 시선보다는 내면의 소리에 더 귀 기울이고, 길가 야생화와 산책하는 몰티즈에 더 많은 시선을 던지게 되었다.

 이렇듯 나이 든다는 것은 은폐할 대상이 아니라 오랫동안 공들여온 나의 유일한 작품을 멋있게 마무리할 좋은 기회이다. 나이 지긋한 어르신 부부가 경치 좋은 호숫가 벤치에서 넘실거리는 흰 머리를 휘날리며 서로 손을 맞잡고 자연을 즐기는 장면을 그려본다.

 어떤 일에도 크게 동요하지 않는 초연함과 평정심을 갖고,
 마지막 보는 노을에도 아름다움을 만끽하며 크게 아쉬워하지 않고
 유쾌하게 조용히 귀향하고 싶다.

한 회사의 복지제도를 들여다보며

친구가 보내온 카톡 중 특이한 내용이 있었다.

한 화장품회사가 직원 복지정책의 하나로 '비혼(非婚)을 선언하면 결혼하는 직원과 같이 사내 축하금과 유급휴가를 받을 수 있다'는 제도를 내놓아서 요즈음 화제가 되고 있다는 기사였다.

또 어느 통신회사 역시 비혼을 선언하면 결혼한 직원과 똑같이 기본급 100% 축하금을 지급하고 특별 유급휴가 5일을 준다고 한다. 이들 회사에서 이 제도를 도입한 동기는 다양한 사회변화에 대응하고 개인의 가치관을 중시하는 MZ세대의 라이프스타일에 발맞추기 위해서라는 것이다.

기업들이 이런 색다른 복지제도를 도입한 배경이 뭘까?

크게 세 가지로 생각된다.

먼저 기업의 말대로 사내 일부 소외된 직원들에 대한 복지 차원이다.
개인적 소신에 의해 선택한 비혼 선언 결정으로 상대적 불이익을 받지 않도록 하자는 배려라고 볼 수 있다.
다음으로는 기업 홍보 차원이다.
기업에서 이러한 직원까지 세세한 관심을 가지고 직원의 복지를 생각하는 회사라는 것을 드러내 보여주기 위한 것일 수 있다. 내가 본 관련 기사에는 그 회사의 매니저가 나와서 기업 홍보성 발언을 하고 있었다.
마지막으로 비혼 선언을 한 직원들의 회사에 대한 충성도를 높이기 위한 방책일지도 모른다. 악의적 관점에서 볼 때 돌볼 아이도 없고 신경 쓸 배우자도 없으니 회사에서 혜택을 제공할 테니 일에 전념하라는 메시지로 해석할 수도 있다. 이런 해석에는 기업은 쌍수를 들고 손사래를 칠 소리겠지만 말이다.

이 제도에 대한 내 생각을 정리해 보았다.
먼저 자신이 비혼임을 선언하는 행위는 극히 사적이고 개인적인 성향을 드러내는 행위라고 생각된다. 마치 성 소수자가 커밍아웃을 표방하는 것과 같은 행위로 말이다. 그러니 이 선언은 공개적으로 드러낼 필요가 전혀 없는, 은밀한 개인적 취향으로서 내가 하고 싶어서 선택한, 자율적인 결정이다.
이것을 회사가 개입하여 복지 운운하며 혜택을 제공한다는 것은 사생활 침해가 아닐까? 이런 결정을 한 당사자도 자신의 자유로운 결정에 회사가 나서서 도움을 주겠다고 생색내는 것에 대하여 달가

워하지 않을성싶다. 회사 주장대로 회사가 진정으로 개인의 가치관을 중시한다면 개인의 사생활에 대해서는 일절 개입하지 말아야 할 것이다.

또 한편으로 우려가 되는 점은 비혼 선언 직원에 대한 이런 혜택은 회사가 비혼을 권장하는 모양새로 받아들여질 수도 있다. 이 제도는 인간의 자연스러운 생식본능이 제약받고, 더 나아가 우리나라의 중장기적인 존속 차원에서도 위협이 된다는 시각에서 볼 때 바람직하지 않을 터이다. 신문에 이런 기사도 보인다.

> 통계청 조사에 의하면 비혼을 택한 이유가 '결혼자금 부족과 고용 상태 불안 등 경제적 어려움'이 40%를 넘었고 '혼자 사는 것이 좋아서'는 20%에 불과했다고 한다.
> (출처: 김태훈 논설위원, 〈비혼선언〉, 만물상, 조선일보, 2023.1.5.)

이러한 불편한 현실을 감안할 때 진정한 복지란 어떤 것일까?

직원들의 실질적인 애로사항을 직시하고 도움을 주는 조치여야 한다. 겉으로 보이는 현상보다는 본질에 입각한 접근이 필요하고 직원 개개인이 진정 바라는 도움이 되어야 한다.

회사가 진정으로 비혼을 선언한 젊은 직원의 속마음을 배려하여 복지 차원에서 도움을 주겠다고 생각한다면, 직원 개별 상담을 통하여 그들의 상대적 소외감을 해소할 수 있도록 그들이 진정 원하고 필요한 것을 파악하여 맞춤형 복지를 실현하는 것이 더 바람직하다.

가령 결혼할 의사가 있든 없든, 30대 후반의 미혼일 경우 개인적 취향에 따라 다양한 취미활동 모임이나 필요한 여가활동 프로그램을 지원하여 생활의 질을 높이는 등 다양한 방법을 생각해 볼 수 있을 것이다. 이런 개인 맞춤형 복지가 수당 몇만 원을 지급하고 유급휴가를 며칠 제공하는 것보다 훨씬 직원을 진정으로 배려하고 개인적 가치관을 고려한 복지가 아닐까?

이상의 이유에서 나는 비혼 선언을 한 직원에게는 기업이 수당을 지급하거나 유급 휴일을 제공하는 대신 개인의 사생활과 자유 의지를 존중하면서 상대적 소외감 해소를 위한 삶의 질 향상 쪽으로 접근하는 것이 바람직하다고 생각한다.

생각하며 사는 삶

　요즘 인터넷이나 TV에서 고위 공직자가 연일 검찰에 출두하여 조사를 받는 뉴스를 접하게 된다. 또 얼마 전에는 법정에서 이전에 근무하며 저질렀던 업무에 대한 법원의 판결을 받는 어느 공직자의 모습도 보았다. 이들은 한결같이 자신의 행동은 윗사람의 지시였으며 본인은 어쩔 수 없이 한 일이었다고 자신의 행동을 합리화시킨다. 과연 그들은 자신의 행동이 나쁘고 부도덕한 짓이라는 걸 몰랐을까? 그들은 분명 알면서도 윗사람의 권위에 눌려 자신의 양심을 팔면서 맹목적으로 복종하였음이 틀림없다.
　우리는 집이나 학교에서 권위에 복종해야 한다는 걸 암묵적으로 부단히 교육받아 왔다. 어렸을 때는 부모님이나 이웃 어르신의 말씀에, 그리고 학교에서는 선생님의 말씀에, 회사에서는 상사의 말에 순종하는 것이 당연한 일로 배워왔고 습관적으로 그렇게 행동해 왔다.

주위 사람들의 권위뿐만이 아니라 사회에 만연한 실체 없는 상식이나 여론, 대형 자본이 주입한 마케팅을 위한 과장된 논리 그리고 특정 정치인의 정치적 야망을 충족시키기 위한 신념들에 의해서도 우리의 뇌는 끊임없이 세뇌되고 특정한 것을 강요받고 있다. 심지어는 일부 종교인까지 그럴듯한 왜곡된 경전해석으로 우리를 헷갈리게 한다. 또한 구성원이 사회공동체 속에서 안전하고 편리하고 질서 있게 살아가도록 정해놓은 법이나 규정, 제도조차 다양하고 복잡한 모든 상황을 온전히 살피지 못하는 실정이다.

그러면 우리는 이성의 온전한 작용을 방해하는 사회 시스템과 불안전한 질서와 직면하여 어떻게 대응하여야 할까?

물론 사회를 정화하고 질서를 바로잡는 일은 우리가 만든 기존의 정치적, 사회적 시스템이 지속적으로 다양한 활동을 통해 해나가겠지만 오랜 기간이 걸릴 뿐만 아니라 근본적 문제 해결은 요원할 듯하다. 그렇다면 우리 각자가 문제를 해결할 수밖에 없다. 내가 세상을 보는 관점이나 개인적 욕망, 감정, 그리고 무의식적 편견까지 점검하여 잘못된 것은 바꿔야 한다. 모든 부당한 권위나 잘못된 신념과 의식에 대해서 저항하고 행동하여야 한다.

내가 처한 현 상황에서 권위에 따를 것인지 말 것인지, 법이나 규정, 상식을 지킬 것인지 말 것인지, 또는 정치인의 신념을 따를 것인지 여부를 스스로 판단하고 결정하여야 한다. 권위를 행사하는 사람이나 기관 그리고 법을 제정한 국가나 조직의 권력, 기업의 광고 등에 맹목적으로 복종해서는 안 된다. 권위라는 후광 때문에, 또는 법이라는 강제성 때문에 맹목적으로 복종하게 된다면, 우리의 자유와 존엄은 짓밟히고 개인적 권력 야망에 찌든 정치가의 달콤한 유혹이나 세뇌 공작에 쉬이 휩쓸리게 될 경우도 배제할 수 없다. 문제는 우리가 이런 사례를 나라 안팎에서 너무나도 쉽게 봐왔고 지금도 세계 곳곳에서 진행되고 있기 때문이다. 우리는 항상 눈을 부릅뜨고 깨어 있어야 한다.

물론 구성원의 입장에서 이런 자의식이 없이 권위나 권력이 시키는 대로만 행동한다면 생각하거나 갈등할 필요가 없어서 편할 수는 있다. 하지만 이러한 선택은 권력이나 권위에 무조건 복종하는 것과 다를 바 없다.

문득 '60년대 예일대학 스탠리 밀그램 교수의 '권위에 대한 복종 실험'과 한나 아렌트의 '악의 평범성'이란 말이 떠오른다.

밀그램 교수의 실험은 권위로부터 나온 명령이 불합리하고 잔인한 것임에도 불구하고 개인의 자유의지를 잃고 그것에 맹목적으로 복종한다면 끔찍한 일을 저지르게 된다는 실험이었고, 한나 아렌트는 나치 시절 히틀러의 명령에 이성적 판단 없이 맹목적으로 복종한 결과, 착하고 평범한 사람도 돌이킬 수 없는 엄청난 악을 저지를 수도 있다는 것을 적나라하게 보여주었다.

이 두 사례는 극단적인 경우라고 할 수도 있겠지만, 중요한 것은 생각 없이 맹목적으로 권위나 권력에 복종한다면, 우리 중 그 누구라도, 이런 잘못을 범할 수 있다는 것이다. 소름 돋지 않을 수 없다.

우리는 혼자서만 살 수 없고, 더불어 살 수밖에 없는 사회적 동물이다. 공동체 내에서 구성원과 더불어 조화롭게 지내는 것은 나쁜 아니라 주위 사람들 모두에게도 도움이 된다는 사실을 오랜 경험을 통하여 잘 알고 있다.

위엄 있는 권위나 존엄한 법, 훌륭한 정치인의 이념이기 때문에 마땅히 따르고 지켜야 하는 것이 아니라, 처한 상황에서 이성과 양심의 도리에 합당하기 때문에, 그리고 개인의 자유보다는 다수의 편익을 위하여 마땅히 그래야 한다고 판단하기 때문에 하는 것이다. 결국 상황에 따라 판단하고 선택하여 결정하는 주체는 오직 '나 자신'이다.

이런 맥락에서 본다면 우리는 각자 '합리적 개인주의자'가 되어야 한다고도 말할 수 있을 것이다. 서양과는 달리 개인주의 사상이 익숙하지 않은 동양적 사고로는 어색할 수도 있고, 또는 이기적이라고 왜곡하는 사람도 있을 수 있다. 하지만 전혀 이기적이지 않고 오히려 이타적 신념을 갖고 살아가려는 것에 가깝다. 이러한 생각과 행동은 단지 집단적 사고에 맹목적으로 휩쓸려 개인의 존엄과 자유가 희생되는 안타까운 경우를 피하면서 공동체와 더불어 조화로운 관계를 형성하기 위한 최선의 방책일지도 모른다.

니체는 《차라투스트라는 이렇게 말했다》에서 인간 정신 발달의 3단계를 이렇게 정리하였다.

첫 단계는 낙타처럼 타인과 사회가 정해놓은 틀에 맹목적으로 복종하지 않고, 두 번째로는 사자처럼 일체 억압을 부정하고 반항하며 개인적 자유정신만을 추구하지도 않는다. 마지막 단계로 어린아이처럼 주어진 환경과 타인을 있는 그대로 긍정적으로 수용하고 내면의 욕구에 귀 기울이며, 개인과 공동체가 조화롭게 공존할 수 있는 길을 스스로 선택하고 결정하는 것이다.

얼마 전에 양명학(陽明學)의 창시자인 왕양명의 사상을 그린 책을 읽었다. 그 책에서 본 몇 구절이 문득 귀에 메아리친다.

> 만인을 위한 선한 삶은 그 삶의 권위에 복종할 것을, 그 삶에 나의 삶을 맞춰갈 것을 요구한다. 하지만 '치양지(致良知)(자신의 선한 의지를 실천하라는 왕양명의 중심사상)'는 나에게 좋은 삶을 스스로 창안할 것을, 그러기 위해서는 과감하게 기존의 권위와 인습 따위를 파괴할 것을 요구한다. (중략) 세상에 나와 똑같은 삶이 반복될 수 없는 것처럼 나의 삶 또한 누군가의 삶을 반복할 수 없다. 따라서 나의 좋은 삶은 언제나 새로운 삶의 창출이다.
> (출처: 문성환,《전습록, 앎은 삶이다》, 북드라망, 2012)

삶의 매 순간이 선택의 연속이다.
내가 어떤 판단을 하고 결정을 하느냐에 따라 삶의 질이 정해지고 세상의 미래가 결정된다.
의사결정의 주체는 오로지 '나 자신'이다. 좀 더 나은 세상, 풍요로운 삶을 창조하기 위해서 냉철한 이성과 따뜻한 감성 그리고 내면의 양심에 따라 스스로 생각하고 판단하며 행동해야 한다.

생각하며 사는 삶이 바로 내가 삶의 주인이 되는 길이요,
다시는 나치의 '아이히만' 같은 노예 인간이 나오지 않도록 하는 길이다.

현대판 피타고라스를 보다

최근에 '수학분야의 노벨상'이라 불리는 필즈상을 받았던 허준이(June Huh) 프린스턴대학 교수가 서울대 후기 졸업식에서 했던 축사가 화제에 올랐다. 신문이나 인터넷에서 뜨거운 공감이 담겨있는 반응을 쏟아낸다. 궁금하여 그가 한 축사를 천천히 음미하면서 읽어 보았다.

과연 가슴에 새겨놓고 싶은 글귀가 여기저기 눈에 들어온다.
졸업식 축사에서 으레 상투적으로 듣게 되는 '도전'이나 '꿈'같은 화려한 단어 일색의 글이 아니었다. 무엇보다도 자신의 학창 시절에 절실히 고민하고, 때로는 좌절했던 생생한 경험들이 고스란히 담겨 있었다. 자신의 대학 생활은 '길 잃음의 연속'이었다고 실토하며 후배들이 자신의 잘못된 전철을 밟지 않고 제대로 길을 가도록 안내하려는, 따뜻하고 진정성이 느껴지는 말을 한다.

> "무례와 혐오, 경쟁과 분열, 비교, 나태와 허무의 달콤함에 길들지 말고, 의미와 무의미의 온갖 폭력을 이겨내고 하루하루를 온전히 경험하세요."

인터넷이나 언론매체를 접하다 보면 경쟁이나 분열을 조장하거나 상대의 가슴에 못을 박는 무례하고 혐오스러운 말들이 쏟아진다. 자기 의견만이 옳고 의미 있는 것인 양 너무나도 당당해서 오만하게 느껴지기도 한다. 이러한 현실의 횡포나 폭력에 굴하지 말 것과 선택받은 후배들이 자칫 빠지게 되는 비교 우월감이나 나태에 대해서도 경계하라는 조언의 말을 아끼지 않는다.

> "타인을 내가 아직 기억하지 못한 먼 미래의 자신으로, 자신을 잠시지만 지금 여기서 온전히 함께하고 있는 타인으로 받아들이세요."

표현이나 비유에서 시적 통찰이 느껴진다.
수학자가 아닌, 시인이나 철학자가 얘기하는 듯한, 삶의 지혜가 엿보이는 말이다. 시인이 되고 싶어 고등학교를 자퇴했다는 허 교수다운 말인듯싶다. 솔직히 처음에 이 말을 접하고 얼른 이해가 안 갔다. 천천히 다시 음미하며 읽다 보니 과연 고개가 끄덕여진다.
2,500여 년 전 피타고라스를 보는듯했다.
피타고라스는 '수 이론의 창시자'로서 추상적 개념으로만 존재하던 수학을 실제 현실과 연결하였고, 수학을 활용하여 세상을 논리적으로 설명하려고 했던 수학자이면서 평범한 인간이 지닌 지각 능력을 넘어 초월적 진리를 발견하고자 했던 신비로운 인물이다. 허 교수의 이 짧은 몇 마디의 말에서 피타고라스의 면모를 보게 되었다. 이 말의 의미를 새겨본다.

 타인의 생각과 행동을 보면서 우리는 흔히 상대를 있는 그대로 보지 못하고 나의 잣대로 임의로 판단하고 평가하는 경향이 있다. 특히 상대의 결점에 대해서는 부정적인 시각으로 보게 되는데 이걸 경계하여 타인을 또 하나의 자신으로 생각하여 이해와 관용으로 포용하라는 메시지가 아닐까? 또 한편으로 상대의 장점을 보고 배워서 미래의 자신을 만들어가라는 의미로도 볼 수 있을 것 같다.

 그리고 자신을 볼 때도 우리는 흔히 과도한 자의식에 빠져 자신을 부풀리는 경향이 있는데, 이에 대하여 그는 자신을 타인으로 생각하고 객관적인 시각을 가지고 바라보라고 권유한다. 그의 말이 시적 은유로 함축되어 다른 뜻으로 이해할 수도 있겠지만 나는 그의 말을 이렇게 해석했다.

 그는 부단히 자신을 돌아보며 성찰의 끈을 놓지 않고 살아가는 것 같다. 학문의 세계에 빠져 자신만의 세계를 고집하며 연구실에서만 살아가는 창백한 지성인이 아니라, 한 인간으로서 세상 속 타인과의 관계를 맺으며 어떻게 살 것인가를 고민하는 역동적 지성인인 듯하다.

 마지막으로 그는 새로운 시작을 준비하는 후배들에게 부드럽게 한마디 덧붙인다.

"서로에게 그리고 자신에게 친절하세요. 그리고 그 친절을 먼 미래의 우리에게 잘 전달해 주길 바랍니다."

이 말을 들으니 문득 달라이 라마가 자신의 종교는 '자비로운 친절'이라는 말이 생각난다. 그는 친절에 대하여 이렇게 노래했다.

스스로를 아끼는 것, 그리고 다른 사람을 아끼는 것, 그것이 친절입니다. (중략) 좋은 사람을 만드는 그 모든 미덕을 하나의 단어로 표현해야 한다면 나는 스스럼없이 친절이라 하겠습니다.
인생의 순간순간을 가치 있게 만드는 당신의 능력, 사람을 가장 아름답게 만드는 우리 안의 잠재된 본능이 바로 친절입니다. 이것이 내가 믿는 소박한 종교입니다. 복잡한 종교도, 철학도, 사원도, 필요 없습니다. 나의 이성, 나의 마음이 사원이니 나의 종교는 자비로운 친절입니다.

여덟 살 큰아들과 매일 수학 놀이를 하며 자신의 교육 이론을 실천한다는 허 교수의 인간미 넘치는 말을 음미하고, 게다가 달라이 라마 님의 자비로운 친절의 글까지 가슴에 되새길 수 있어서 오늘은 너무나 행복한 하루였다.

향기로운 삶이란

향기로운 삶!

말만 들어도 어디선가 기분 좋은 내음이 솔솔 흘러와 코끝에 와닿는 것 같다. 이 말은 내가 한평생 몸담아 온 회사의 동우회지 표제이다. 또한 최근에 펴낸 책을 지인들에게 전해주면서 내지 앞 장에 쓴 기원 메시지의 키워드이기도 하다.

'향기가 나는 삶'이란 어떻게 사는 걸까? 막연하지만 정의해 본다.

나와 비슷한 연배의 지인들에게 향기 나는 삶이란, 남은 제2의 삶을 품위 있게 살며 멋있게 마무리하는 삶을 의미할 듯하다. 크게 3가지의 키워드로 정리해 보면,

첫째, 배움의 열정,

둘째는 영혼의 성숙,

마지막으로 순수한 사랑의 실천이다.

제일 먼저 배움을 내세운 것은 남은 삶을 무료하고 지루한 것이 아닌 끊임없는 역동성 안에 두고 싶기 때문이다. 가스통 바슐라르의 말처럼 인간은 단순히 살기 위해 바라는, '욕구'의 창조물이 아니라, 삶에 필수는 아니지만, 뭔가를 바라는, '욕망'의 창조물이다.

역동적인 삶이란 결국 내가 진정으로 하고 싶은 것, 의미 있다고 생각하는 뭔가를 부단히 배우며 추구하는 삶이라고 할 수 있다. 혹시 자신이 이제는 늙어서 새로운 걸 배우는 나이가 지났다고 생각하는 것은 아닌지 돌아볼 필요가 있다. 배우기에 너무 늦었다는 생각을 통쾌하게 깨는 좋은 실험이 있다. 하버드대 심리학 교수 엘렌 랭어(Ellen Langer)의 유명한 실험이다.

1979년 한 시골 마을에서 70대 후반~80대 초반 노인을 대상으로 '시계 거꾸로 돌리기 실험'을 하였다.

20년 전인 1959년으로 시간을 되돌려 실제로 그 당시 본인의 모습으로 지내도록 하였다. 모든 대화나 토론은 현재 시제로 이루어지고 잡지나 신문, 책, 가족사진 등 모든 물건을 그 당시 과거로 완벽하게 돌려놓았다. 실험대상자들은 자신의 나이가 그 당시의 나이로 돌아가서 생각하고 행동하게 되었다. 미 최초 인공위성인 익스플로러 1호가 발사된 흑백 TV 영상을 보고, 1958년 피델 카스트로의 아바나 진격에 대한 논의를 하기도 하고, 또 그 당시 인기 드라마나 코미디, 프로 축구 챔피언 결정전도 시청한다.

이렇게 1주일을 생활한 후 그들의 삶은 어떤 변화가 있었을까?

놀라지 마시라! 청력과 기억력이 향상되었고 체중이 평균 1.5kg이

늘었으며 손놀림이나 걸음걸이가 활발해지고 지능검사에서는 63%가 더 높은 점수를 얻었다.

(출처: 엘렌 랭어, 《늙는다는 착각》, 변용란 역, 유노북스, 2022)

이 실험을 통하여 우리는 평소 자신의 잠재성을 제한하는 문화나 언어, 사고방식에 얼마나 얽매여 살고 있는지를 확인할 수 있을 것 같다. 랭어 교수는 "우리를 위축시키는 사고방식뿐 아니라 건강과 행복에 대해 스스로 설정한 한계에서 벗어나 자신의 진면목을 찾아야 한다"라고 조언한다.

우리가 호기심을 상실하여 배우지 않으면 두뇌 속 뇌 신경세포는 새롭게 자극받지 않아 노화되고, 타 신경세포와 연결망이 끊어지게 되어 끝내 소멸한다고 한다. 이것은 우리가 배움의 열정을 가지고 끊임없이 배워야 하는 이유이기도 하다. 진정 자신이 하고 싶은 것을 배우고 성취감을 맛보는 것은 자아실현의 즐거움일 뿐만 아니라 자신을 사랑하기 위한 토대가 될 것이다.

다음으로 영혼의 성숙을 추구하는 삶이다.

나는 우리가 이 세상에 나온 것은 다양한 경험을 통하여 즐거움을 맛보며 영혼을 진화시키기 위해서라는 믿음을 갖고 있다. 영혼의 진화는 영적 깨어남을 필요로 하고, 깨어나기 위해서는 기존에 꽉 움켜쥐고 놓지 않고 있던, 에고의 자기중심적 사고를 버리고, 부단히 내면을 돌아보며 성찰하여야 한다.

깨달음의 성과로는 무엇보다도 자아와 타자의 경계가 허물어지고 나와 타인은 연결되어 하나임을 알게 된다. 이 자각은 곧 이타심으로 표출되어 타인의 고통은 나의 고통이 되고, 타인에 대한 사랑은 결국 자신에 대한 사랑이 된다.

또 멘토들은 한결같이 성숙된 영혼을 얻기 위해서는 현실의 고통을 거부하지 않고 기꺼이 수용하는 용기가 필요하다고 말한다. 이런 긍정적 자세로 임한다면 시련을 통하여 우리의 영혼을 한층 업그레이드시킬 수 있다고 한다.

세계적인 심리학자 캐럴 피어슨은 이렇게 말한다.

> "우리가 맞닥뜨리게 되는 문제에 대하여 '나에게는 책임이 있고, 내가 책임져야 할 일이며, 내가 해결해야 할 일이다'라고 대답하는 순간 우리는 성장한다."
> (출처: 캐럴 피어슨,《나는 나》, 류시화 역, 연금술사, 2020)

마지막으로 순수하고 열린 마음으로 사랑을 경험하는 삶이다.

가까이 가족에서부터 동네 주민들, 친구들 더 나아가 사회, 국가, 전 세계에 이르기까지 여건이 되는 한, 사랑의 마음을 아낌없이 베푸는 것이다.

엘리 위젤의 말대로 멀리 갈 것도 없이 자신의 주변에, 지나다니는 곳에 혹시 도움이 필요한 사람은 없는지 살펴보고, 그저 한 사람이라도 진심으로 공감하며 접촉하여 사랑을 실천한다. 사랑의 마음을 낼 때는 어떠한 조건도 없이 행동에 옮기되, 결코 보상을 바라지 않는, 열린 마음의 순수한 사랑이야말로 실로 거룩하다고 할 수 있을 것이다.

식지 않는 배움의 열정으로 역동적으로 살면서
에고가 사라진 그 자리를 이타적인 행위로 채워가며
열린 마음으로 사랑을 실천하는 삶을 살게 된다면
진실로 향기로운 삶을 살았다고 당당하게 말할 수 있지 않을까.

나만의 길

한 번도 가보지 않은 길이기에
두렵다.
홀로 가는 길이기에
기대고 싶다.

그럼에도
주위 곁눈질하지 않고
한 점의 바람도 없이
나만의 길을

설레는 가슴으로
미소 지으며
여유 있게 간다.

이것이 진정
내가 주인으로
살아가는 길이다.

행동의 의미를 부단히 찾고 있는 내가 보인다.

내가 이 행동을 한 것은 이러이러한 이유 때문이고, 이러한 의미에서 이 행동은 할만한 가치가 있다는 둥, 내가 한 행위에 대한 그럴싸한 논리나 변명, 의미를 찾아 기존의 틀 속에 애써 끼워 맞추고 있었다. 그냥 내가 하고 싶어서 했다든가, 혹은 왠지 마음에 내키지 않아서 하지 않는다면 안 되는 것인 양 부산을 떤다.

왜 그럴까?

내가 합리적인 사고를 하고 논리와 이치에 합당한 행위를 하는 사람이라는 것을 굳이 드러내어 입증이라도 하고픈 걸까? 나의 마음 한쪽에는 세상이 만들어놓은 견고한 틀 속에 나를 안전하고 단단하게 엮어놓음으로써 객관적으로 검증된 안정된 관계를 형성하려는 욕구, 즉 인정욕구가 작동하고 있는 것은 아닐까?

이러한 욕구는 내가 지향하는 자유로운 영혼과는 거리가 멀다.

세상이 이미 짜놓은 제도나 규칙, 관습, 더 나아가 도덕과 윤리의 틀 속에 나의 영혼을 쑤셔 넣어 안주하려는 의도가 드러난다. 나만의 사고와 경험에 근거한 자연스러움이 아닌, 인위적이고 의도적인, 나답지 않은 부자연스러움이 물씬 느껴진다.

세상의 어떠한 삶도 무의미한 삶은 없다.

자신만의 형태와 색깔로 세상에서 잘 살아가고 있다면, 만족스럽든 아니든 그 자체로 충분히 의미 있는 삶을 사는 것이다. 나다운 삶을 추구하는 데 굳이 세상의 인정이나 논리, 상식에 의존하거나 의미에 집착할 필요는 없다.

모든 시대와 역사를 관통하는, 변하지 않는 영원하고 궁극적인, 절대적 진리를 생각할 수 없듯이, 의미나 가치도 시대를 초월하여 모든 인간이 추구해야 할, 변치 않는 보편적 기준은 없다고 생각한다.

　의미는 각자 삶을 살아가면서 자신만의 경험과 지식, 재능 그리고 상황에 따라 독자적으로 만들어간다. 질 들뢰즈가 말했듯이 머릿속 가상의 이데아(원형)를 애써서 닮으려고 하지 않고 자신만의 또 다른 독창적인 '시뮬라크르(simulacre)'(철학용어로서 '원본으로부터 복제되어 나온 또 다른 원본')를 그려내는 것이다. 이미 사회에서, 조직에서 남들이 만들어놓은 것을 선택하는 것이 아니라 스스로 창조하는 것이다. 이 세상에 단 하나밖에 없는 나만의 의미를.

　우리 앞에는 수많은 선택지가 주어져 있다.

　그중에서 의미 있고 가치 있는 것을 선택해야 한다. 각자 이성의 합리적인 판단으로, 주어진 개성과 능력에 따라, 자기만의 의미와 가치를 창조해야 하는 도전을 치르지 않으면 안 된다.

　문득 미국 시인 자넷 랜드의 촌철살인의 시구가 생각난다.

> 확실한 것에만 묶여있는 사람은
> 자유를 박탈당한 노예와 같다.
> 위험을 감수하는 사람만이 오직
> 진정으로 자유롭다.
> 　　　　　(출처: 자넷 랜드 (Janet Rand) 시 〈위험들〉 중)

과학기술에서 희망을 보다

오후 산책을 즐기고 있었다.

아파트 신축공사 현장 옆을 지나가다 공사장 주위를 둘러싼 대형 펜스 위에 눈이 갔다. 뭔가가 큰 글씨로 적혀있어서 들여다보았다. 42분에 갈 것을 속도를 2분 늦춰 44분에 갔더니 교통사고가 24%가 줄었다는 메시지였다. 주택가나 일반도로를 지나는 차량의 속도를 줄여 사고를 줄이자는 캠페인성 홍보물인 듯하다.

문득 이런 생각을 했다.

　　여유로운 마음이 생명을 살리는구나!
　　서두르지 않고 느긋한 마음을 낸다면 사고를 미연에 방지할 수도 있겠다.

젊었을 때가 생각났다.

결혼하고 단칸방 시절엔 좀 널찍한 방으로, 더 나아가 방 두 개가 있는 집으로 가고 싶어 안달이었고, 그걸 이루고 난 뒤엔 집을 장만하고 싶어 조급하게 뛰었다. 또 사회 초년생 시절엔 본사에 들어가고 싶어 마음 졸였고 본사에 가서는 빨리 승진하고 싶어 초조했다.

이뿐인가? 퇴직 후에도 욕심부려 자격증을 서너 개 따느라고 잠시라도 나를 느긋하게 두지 못했다. 빨리 뭔가를 성취하기 위해 애쓰며 쉬지 않고 자신을 들볶고 내몰며 달려온 내가 보였다.

그때 서두르지 않고 좀 더 느긋하게 생각하고 행동했더라면, 바라는 바를 성취하는 데에는 좀 늦을지언정 더 여유로운 삶을 살지 않았을까?

지금 나이가 들어서 삶을 뒤돌아보니 성취라는 게 별거 아니었다.

중요한 것은 몇 년 더 빨리 이루는 것이 아니라 '지금, 여기에서 얼마나 즐기며 여유롭게 살아가느냐' 하는 것이었다.

집에 도착하여 공사장 담벼락에 쓰인 수치를 다시 떠올려보았다.

속도를 약 5% (42분 소요 → 44분 소요) 줄였더니 사고 발생 건수가 24% 줄었다면 속도와 건수를 단순 비교해 볼 때 약 5배의 효과를 보는 셈이다. 대단한 효율성이다.

비록 이 수치의 출처와 근거가 불분명하고 자료의 표본설정에 대한 신뢰성과 타당성을 확인할 수는 없지만, 직관적으로 우리에게 뭔가를 생각해 볼 수 있는 메시지를 주기에는 손색이 없다.

요즘엔 인터넷이나 스마트폰에 입력되는 모든 데이터를 집계한 빅데이터를 가공하여 산출된 자료들을 기업 마케팅 의사결정에 적극 활용하고 있다.

약 20여 년 전, 회사의 마케팅 CRM(고객관계관리) 부서에 근무할 때 맥주의 소비량과 아기 기저귀의 소비량이 상관관계가 있다는 자료를 책에서 읽고 놀랐던 기억이 떠오른다. 이것도 일종의 빅데이터에 의한 가공된 자료라고 볼 수 있는데, 집에서 TV로 드라마나 스포츠를 보다가 맥주가 생각나 동네 슈퍼에 사러 갈 때 아기 기저귀를 더불어 사게 된다는 해석이었다. 그때는 무척 신기했었다. 그러나 이제는 그때보다 훨씬 많은 자료가 축적되고 분석기법도 다양해져서 많은 분야에서 빅데이터가 생활 전반에 유용한 자료로 활용되고 있다.

최근에는 빅데이터가 심각한 미세먼지 문제 해결에도 한몫하고 있다. 각 지역에 설치된 공기 질 측정기에서 수집된 데이터를 기상관측자료와 산업단지 배출시설, 인구밀도, 유동인구, 교통량, 날씨, 질병 정보 등 다양한 환경 관련 빅데이터를 결합하여 미세먼지 대응서비스를 제공하고 있다고 한다. 또한 지진예측이나 무인자동차 운행시스템, 멸종위기 동물관리, 맞춤형 의료지원서비스 등 다양한 분야에도 이러한 빅데이터가 활용된다고 한다.

우리의 일상은 선택의 연속이다.

여러 분야에서 막연하게 정성적인 감(感)으로 선택하는 대신 이렇게 구체적인 과학적 통계수치에 의해 논리적이고 설득력 있는 자료가 제시된다면 의사결정에 큰 도움이 될 터이다.

그렇다면 앞 공사장 담벼락 정보의 활용범위를 넓혀서 자동차 속도뿐 아니라 예컨대, 보행자의 걸음걸이 속도나 하루 걷는 걸음 수, 독서 하는 시간, 일하는 시간, 취미 활동 시간 등이 개인의 건강이나 행복도에 어떤 상관관계가 있는지를 제시해 주는 빅데이터가 있다면 삶에 큰 도움이 되지 않을까? 여기에는 추가로 약간의 설문조사 등이 보완되어야겠지만 말이다.

또 이런 상상도 해봤다.

> 가령 신입 회사원이 과장 승진 소요 기간을 5년에서 7년으로 2년 늦추게 된다면 20년 후에 이르러서 각종 질병에 걸릴 확률을 반으로 낮출 수 있다거나 행복도를 30% 높일 수 있다는 장기간 추적통계 데이터가 제시된다면 나는 과연 어떤 결정을 내리게 될까?

나뿐만 아니라 생활의 질을 중시하는 많은 젊은이가 승진을 늦추는 결정을 할듯싶다. 물론 이러한 자료 산출에는 여러 가지 상황별, 개인별 조건이 전제되어야겠지만 말이다. 요즈음 AI(인공지능)가 빅데이터 기술을 만나 획기적인 발전을 하고 있으니 가까운 장래에 이런 놀랄 만한 정보까지 나오게 될지도 모른다. 몇 년 전 바둑에서 이세돌 9단을 비참하게 만들었던 알파고가 지금은 구버전이 되어 그때보다 훨씬 강력하고 영리한 놈들이 개발되지 않았나.

혹시 이런 최신 기술을 이용한다면 우리가 당면한, 가장 시급하면서도 어려운 문제들도 풀 수 있지 않을까?

세계가 이대로 흘러간다면 지구 생태계가 파괴되어 지구의 종말이 얼마 남지 않았다는 학자들의 우려 소리가 여기저기서 들려온다. 간혹 지구 온난화에 따른 멸종되는 종의 숫자나 비율 등의 과학적인 통계수치가 제시되고 있지만 우리가 실제로 체감하기는 아직도 멀기만 하다.

생산, 소비, 유통 등 다양한 분야에서 우리의 일상생활이 각종 환경 오염에 미치는 영향을 빅데이터나 각종 통계자료에 의한 과학적인 구체적 수치로 제시된다면 우리의 환경 의식이 더욱 고양되어 생활 습관도 훨씬 용이하게 바꿀 수 있지 않을까?

첨단 과학기술에서 희망의 빛을 기대해 본다.

비약적인 과학기술의 발달을 막연히 불안한 눈으로 볼 것이 아니라 다양한 순기능을 찾아내 활용하여 세상을 더욱 살기 좋은 곳으로 바꿀 수 있으면 좋겠다. 과연 내가 사는 동안에 이런 세상을 맛볼 수 있으려나?

달라이 라마 성자의 의미 있는 말씀 한마디가 귓전에 맴돈다.

> 우리는 두려움에 의한 기도가 아닌
> 과학적 이해에 근거한 현실적인 행동으로
> 미래에 대해 대처해야 한다.

자유로운 영혼

디지털 디톡스

연일 신문이나 인터넷에 '디지털 디톡스'란 용어가 눈에 띈다.
 단식으로 몸에 축적된 독소나 노폐물을 제거하듯이 스마트기기 사용을 잠시 중단함으로써 몸과 마음을 회복시키자는 것이다.
 얼마 전 카카오톡이 먹통이 된 후에 이런 얘기들이 더욱 많이 거론되고 있었다. 단 이틀 동안 강제로 '디지털 디톡스'를 경험했을 때 많은 사람이 불편을 겪었지만, 오히려 새로운 좋은 경험을 하게 되었다는 내용이 주를 이루고 있었다.
 40대 한 주부는 주말 오랜만에 네 식구가 둘러앉아 핸드폰을 보지 않고 밥을 먹었다고 했고, 30대 한 직장인은 그동안 가족 단톡방으로만 소통하다 보니 전화할 일이 없었는데, 이번에 카톡이 안 돼 오랜만에 아버지께 전화를 드렸더니 참 좋아하셨다고 했다.
 그뿐인가? 누구는 3주째 미뤄온 책 한 권을 다 읽게 되었다고 하고, 한 직장인은 이참에 아예 카카오톡을 벗어나자는 생각을 하게 되었다고도 한다.

나 역시 카톡이 불통 되던 날 처음에는 답답했다. 매일 눈만 뜨면 여기저기서 들려오던 '카톡' 하는 소리가 들리지 않아 살짝 불안하기도 했다. 하지만 얼마 지나지 않아 불안감은 사라지고 무언가로부터 해방된 것 같은 자유로움을 맛보았다.

몇 해 전 이와 유사한 경험을 한 적이 있었다.

점심을 먹은 후 산책을 나왔는데 지갑을 놓고 나왔다. 옷을 갈아입고 나오느라 깜빡한 것이다. 지인을 만나더라도 커피 한잔할 여유가 없진 않을까, 잠깐 염려되었지만, 왠지 모르게 어깨가 가벼워지고 발걸음이 가뿐했다. 한술 더 떠서 핸드폰까지 두고 나왔더라면 더 큰 자유로움을 맛보지 않았을까, 하는 아쉬움마저 살짝 들었던 경험이었다.

왜 이런 현상이 요즘 이슈로 부각되었을까?

그렇다. 의식하지 못하는 사이 우리는 스마트폰에 노예가 되어있었다. 저녁 먹고 산책을 다녀오면 특별히 보고 싶은 게 없어도 으레 폰을 들고 이곳저곳을 분주하게 둘러보며 잠자리에 들 때까지 정신을 빼앗기고 만다. 이번 카톡의 불통 사건으로 오랫동안 스마트폰의 노예로 살아온 사람들이 비록 불편했음에도 짧은 시간이지만 노예의 삶에서 벗어나 짜릿한 해방감을 맛보지 않았을까?

문득 스마트기기 이용실태가 궁금했다.

반사적으로 주머니에서 핸드폰을 꺼내 드는 나를 본다. 웃음이 나왔다. 이렇게 스마트기기는 나도 모르게 생활 전반에서 나와 밀착 관계가 되었다.

검색한 지 몇 초도 안 되어 과학기술정보통신부에서 2021년에 조사한 통계자료가 눈에 띈다. 이런 맛에 스마트기기를 사랑할 수밖에 없을듯싶다. 문제는 우리가 폰에 지나치게 집착하여 의존한 탓일 것이다.

> 만3세~69세 스마트폰 이용자 1만 가구를 대상으로 한 조사에서 스마트폰 과의존 위험군은 전체 24.2%로 4명 중 한 명꼴이다. 특히 중학생의 경우는 41%로서 5명 중 2명꼴로 심각한 수치를 보이고 있었다. 이미 스마트폰이 우리의 뇌 속을 거의 점령하여 이제는 이 친구가 없는 삶은 생각해 볼 수 없는 지경에 이르게 되었다.

몇 년 전에 인터넷에서 본 글 하나가 생각났다.
미국의 영향력 있는 온라인업체 '허핑턴포스트'(2017년 '허프포스트'로 개칭했다) 창업자인 아리아나 허핑턴 씨가 쓴 글을 음미해 본다.

지난 몇 달간 돌아보며 그는 무척이나 피곤하고 많이 지쳐있는 자신을 보게 된다. 그의 눈은 종일 노트북, 데스크톱, 아이폰, 아이패드 TV, 영화 등 스크린이라는 스크린은 모두 보느라 고통받고 있었던 것이다. 진짜 세상을 보기보다는 어떤 장치만 뚫어지게 쳐다보고 있었다. (중략) 하지만 지난 금요일부터 토요일 밤까지 모든 스크린으로부터 하루를 온전히 차단한 결과, 비로소 그는 깨닫게 되었다.

월요일 그는 사람들이 도대체 주말 동안 뭘 하고 지냈는지, 또 누가 자신과 연락하려고 했는지 더욱 관심을 가지게 되었고 직접 대화도 할 수 있게 되었다. 그는 이제 방정식에 추가할 만한 새로운 가치, 바로 '자신을 존중할 가치'가 생겼던 것이다.

(출처: 고평석 기자, 〈디지털 디톡스가 필요하다〉, 매일경제, 2016.12.7.)

영국의 한 술집에서는 사람들과의 대화를 장려하기 위해 '전화, 노트북, 태블릿 사용금지'를 문 앞에 내걸고 이 공간에서는 디지털 사용을 금지한다고 하고, 또 미국에서는 최근 '겟어웨이 하우스'가 사람들의 관심을 받고 있는데 이 집에서는 핸드폰, 노트북, TV 등 디지털 기기를 떼어내고 숲속에서 시간을 보낼 수 있도록 공간을 제공한다고 한다.

이런 공간은 아마도 누구의 간섭도 받지 않고 그 누구도 침범할 수 없는, 오롯이 혼자만의 오티움(살아갈 힘을 주는 나만의 휴식)을 즐길 수 있기 때문이 아닐까? 또한 이 공간은 헤르만 헤세가 '몬테뇰라'라는 스위스 남부 작은 마을에서 혼자 걸으며 자신만의 시간을 가짐으로써 힘든 시간을 극복하였던 거룩한 공간이요, 몽테뉴가 광신의 세상에서 물러나 자기만의 성에서 누렸던 성찰과 치유의 공간이기도 하다.

몇 해 전, 자발적으로 이러한 공간을 찾아 들어간 적이 있었다.

전북 진안에 있는 위빠사나(vipassana) 명상센터에서 하는 열흘 동안의 명상코스에 문을 두드렸다. 핸드폰, 책, 노트는 물론 즐겨보는 신문조차 포기하기란 쉽지 않았지만, 단 며칠이라도 오로지 내면만 주시하는 색다른 경험을 한다고 생각하니 참을만했다. 이 공간에서 하루 12시간의 꽉 짜인 프로그램에 따라 온전히 내면을 바라봄으로써 자신이 자신의 진정한 주인임을 깨달아가는 체험은 내가 다시 태어나는, 지극한 열락의 순간이었다.

언제부턴가 나만의 시간을 갖기 위한, 디지털 디톡스 생활을 적극적으로 실천하려고 노력하고 있다. 그래서 나만의 원칙을 정하였다.
새벽녘에 기상하여 따뜻한 차와 함께 맞게 되는 '네댓 시간의 책 읽고 글 쓰는 시간과 저녁 한 시간 동안의 산책 시간에는 핸드폰을 차단한다'는 원칙이다. 이렇게 하루 대여섯 시간 동안만이라도 외부와의 접촉을 끊고 오롯이 내면에만 집중하자는 것이다. 지금까지는 만족한 효과를 얻고 있으니 앞으로도 이 생활을 계속 이어가려고 한다.

디지털 독소가 몸에서 완전히 빠져나갈 즈음이면
삶의 주인으로서 지금, 여기에서 더 온전한 삶을 즐길 수 있지 않을까.

나무에게 시련을 배우다

저녁 산책길이었다.

학교 옆 작은 공원을 지나가는 중이었다. 부러진 벚나무 가지 하나가 땅에 축 처져있는 게 보였다. 짐작건대 낮에 아이들이 놀면서 나뭇가지를 붙잡고 매달리다 부러진 것 같았다.

가까이 가서 부러진 부위를 들여다보았다. 제법 굵은 가지였는데 혹시나 가지를 끈으로 꽁꽁 돌려 묶어 놓으면 붙지나 않을까 시도해 봤는데 어림도 없다. 뚝 떨어져 버린다. 그 부러진 가지에는 많은 잔가지가 뻗어있었고, 가지마다 작은 봉오리가 빼곡히 달려있었다. 이 피워보지도 못한 봉오리들은 다가올 저들의 운명을 알기나 할까?

부러진 부위에서 피가 꾸역꾸역 배어 나오고, 뿌리에서 가느다란 신음이 흘러나오는 듯했다. 자식을 잃은 엄마의 구슬픈 흐느낌 같은 거라고 해야 할까. 연민의 눈길이 간다.

내년 봄철 꽃을 피우기 위해 여름 내내 잘 키워놓은 자식들을 일찍이 떠나보내야 하는 엄마의 애절한 마음이 고스란히 전해온다. 엄마는 이 자식을 잃은 슬픔을 어떻게 감당할까? 나무도 의식이 있다면, 아무런 잘못이 없는데 자신이 왜 이런 고난을 겪어야 하는지 이해할 수 없는 현실에 불평하고 원망하지나 않을까?

문득 박완서 작가의 해맑은 웃음 뒤로 괴로워하는 그녀의 얼굴이 떠올랐다. 그녀는 남편이 폐암으로 사망하던 그해, 아들이 25살의 나이에 교통사고로 요절하자 너무나 큰 슬픔과 절망에 빠졌다. 신심 깊은 그녀가 하느님을 향한 분노와 원망으로 늘 품에 품고 다니던 묵주까지 집어던졌다고 하는 이야기가 생각났다.

다시 엄마 나무의 마음을 들여다보았다.

이렇게 속삭이는 듯했다. 어떠한 불평도, 원망도 하지 않으며.

"나는 하늘의 뜻을 잘 모릅니다. 삶을 신뢰하고 따를 뿐입니다."

구약 성경에서 갖은 시련에도 하나님을 원망하지 않고 믿음을 지켜냈다는 욥기가 생각났다. 더 알고 싶어 성경책을 꺼내 한 구절, 한 구절 읽었다.

천상 회의에서 하나님이 욥의 신실한 믿음을 자랑하자 사탄이 반론을 제기한다. 하나님은 사탄에게 욥의 믿음에 대한 시험을 허락했고 사탄은 두 차례에 걸쳐 욥의 모든 재산과 자식들을 잃게 하고 욥의 몸을 망가뜨리게 된다. 욥의 아내는 하나님을 욕하고 그에게 죽어버리라고 저주하였으나 욥은 끝까지 입으로 하나님을 원망하지 않는다.

  욥은 괴로워하며 마침내 하나님한테 자신의 죄가 있다면 말해달라고 요청하지만, 하나님은 침묵한다. 그러자 제발 자신을 왜 치시는지 이유라도 알려달라고 울부짖는다.

  드디어 하나님이 등장한다. 그리고 말씀하신다.

  "무지한 말을 하는 자가 누구인가? 너는 빛이 어디에서 왔고 어둠이 어디로 가는지, 우주의 광대한 원리와 작용을 이해할 수 있느냐? 네가 다 아느냐?"라며 욥을 호통치면서 물음에 답하라고 다그친다. 욥에게 시련의 주게 된 연유는 설명하지 않고 되레 "네가 나를 다 아느냐? 네가 하느님처럼 전능하냐?"라고 묻는다.

  욥은 "저는 깨닫지 못한 일을 아는 체하며 말했고, 저는 무가치합니다."라고 말하면서 고난의 원인을 알지 못했지만, 하나님의 지혜를 알지 못했음을 고백하고 회개하며 다 받아들인다. 이후 하나님은 욥에게 축복을 배로 주었다. 이상이 구약에 나오는 욥기에 관한 이야기다.

  왜 갑자기 나무의 아픔을 느끼며 욥기를 떠올리게 되었을까?

  내가 욥과 같은 시련을 당한다면 어떤 반응을 하게 될까? 욥처럼 좋은 일이나 나쁜 일이나 하느님을 신뢰하며 모든 걸 다 수용할 수 있을까?

  내가 욥이라면 나는 도저히 수용할 수 없을듯하다.

  한평생 사랑의 하느님을 신뢰하고 말씀을 숭상하며 옳다고 하는 일만 하였음에도 이런 어처구니없는 고난을 주는 이를 어찌 원망하지 않겠는가. 박완서 작가처럼 묵주를 던지는 것 이상의 행동도 불사하지 않을까.

인간이나 동식물 등 생명 있는 존재라면 누구나 겪게 되는 시련을 어떻게 바라보고 받아들여야 할까? 다시 한번 생각해 본다.

단지 내가 알 수 있는 것은 신의 뜻이나 우주의 섭리가 무엇인지, 또 이런 시련이 왜, 나에게 오게 된 것이며 어떻게, 전개될 것인지 전혀 모른다는 사실뿐이다. 알 수 없으니 더 이상 알려고도 하지 않을 것이다. 인간의 제한된 머리로 더 이상 알려고 하는 것은, 삶을 지난 과거 속에 얽매이게 하여, 지금 여기의 즐거움을 방해할 뿐이기 때문이다.

부단히 자신을 향해 "내가 아는 것은 무엇인가?" "나 자신은 어떤 인간인가?" 물음을 던지며 겸손하게, 열린 마음으로 혼돈의 시대에서도 자신만의 흔들림 없는 삶을 살아간 멘토 몽테뉴의 지혜가 돋보인다.

주어진 본성에 따라 살아갈 뿐이다.

나는 인간처럼 선악을 판단하고 축복과 벌을 주는 인격신은 믿고 있지 않지만, 만약 자비와 사랑의 신이 존재한다면 신을 온전히 믿고, 현재의 순간을 기꺼이 수용하며, 신이 주신 양심과 능력에 따라 즐겁게 살다가 가면 되지 않을까?

집으로 돌아가는 발걸음이 한층 가벼워졌다.

그루미 선데이

찌렁찌렁 전화벨이 울렸다.

이 야밤에 웬일인가? 화들짝 놀랐다. 깊은 잠에 빠져 자다가 전화를 받았다. 수원에 사는 큰아들이다. '진호(작은아들)가 집에 들어왔냐'고 묻는다. 그러면서 지금 이태원에서 핼러윈 축제가 열리고 있는데 큰 사고가 발생했다고 했다. 시계를 보니 12시 55분이었다.

평화롭던 일요일 새벽은 참사 소식으로 도배되었고 119구급차의 요란한 사이렌 소리, 심폐소생술(CPR)을 하는 구조대원과 시민들의 위급한 상황이 말로만 듣던 전쟁을 방불케 했다.

어찌 이런 일이 우리에게 일어났을까?

지금 우리나라는 정치, 경제가 어려운 시기에 이런 일까지 겹쳐 사람들의 마음을 더욱 무겁게 한다. 더구나 아이를 잃은 부모, 형제들의 마음은 오죽할까.

　이 사고로 25살 딸을 잃은 한 엄마는 딸의 마지막 문자 "키워주셔서 고생 많으셨어요"라는 글을 하염없이 보면서 눈물만 흘리시고, 희생된 고등학생을 둔 어떤 부모는 "외아들이 공부도 잘했는데…"라고 하며 비통한 얼굴로 말을 잇지 못하신다. 조간신문에 추모 글을 쓴 어느 연극배우는 "자식 잃은 부모들은 오늘도 어제처럼 아무렇지 않게 해가 뜬다는 사실부터 납득할 수 없을 거"라고 했다.

　그렇다. 무슨 위로의 말이 더 필요할까.

　다만 슬픔을 함께 바라보고 손잡아주고 고통을 공감하는 것일 뿐이다.

　문득 지난 손녀딸 돌잔치 때 참석한 스무 여분의 얼굴이 떠올랐다. 그날 모인 사람들은 모두 한 마음으로 아이의 살짝 미소에 같이 웃고, 사소한 동작 하나하나에도 눈길을 떼지 못했다. 이런 마음으로 아이들을 키워왔고 보살펴 왔을 터인데 이번 참사로 희생된 대부분이 20, 30대라고 하니 아이를 잃은 부모, 친척들의 슬픔을 어떻게 가늠이나 할 수 있을까.

　무거운 마음으로 산책길을 나섰다.

　주위의 온 산이 홍엽으로 예쁘게 익어간다. 이 우아하고 눈물 나도록 아름답게 펼쳐지는, 자연의 향연을 그들은 향유 하지 못할 터이다. 나 혼자만 본다고 생각하니 가슴이 미어졌다.

　떨어진 낙엽을 서걱서걱 밟으며 한 발짝 한 발짝 천천히 걸음을 옮졌다.

   여기저기 떨어져 있는 낙엽이 보인다. 제 역할을 다한, 노랗게 익은 잎이 있는가 하면, 아직 제대로 익지 않은 초록색 어린잎도 더러 눈에 띈다.

   순간 주어진 삶을 제대로 누려보지도 못한 저 아이들의 얼굴이 겹쳤다. 각자 펼쳐 보고픈 꿈을 드러내기 위해 온 세상인데, 이렇게 일찍이 먼저 가버리다니! 또 한 차례 안타까움이 밀려온다.

   옆에 서있는 엄마 은행나무를 보았다.

   아직 때가 이르지 않았는데 떨어져 버린 어린잎들을 보는 엄마의 마음은 어떠할까. 헤아려본다. 아이의 등을 토닥이며 다음 생에서 또 만나자고 속삭이면서 슬픔을 안으로만 끌어안고 삭히고 있는듯하다.

   엄마의 따뜻한 품 안에서 아이는 아마도 이런 말을 하며 엄마를 위로하며 평안하게 이 세상과 작별하지 않았을까.

> "내년 봄이면 동료들이 겨우내 얼어있던 굳은 땅을 뚫고 세상에 나와 싹을 피울 거예요. 그 싹은 무럭무럭 자라서 또 하나의 늠름한 은행나무로 자라갈 겁니다. 그동안 저를 보살펴주셔서 고마워요! 엄마, 너무 상심하지 말아요. 엄마, 사랑해요!"

   이번에 생을 마감한 이들도 모두 이런 마음이 아니었을까, 상상해본다.

   갑자기 슬픈 음악이 듣고 싶었다. 핸드폰을 꺼내고 이어폰을 꽂았다.

'그루미 선데이(Gloomy Sunday)'

애잔한 선율이 잔잔하게 가슴속에 파고든다. 어디선가 한차례 싸늘한 바람이 얼굴을 스치고 지나간다. 나뭇잎이 우수수 한바탕 춤을 추며 떨어진다.

아! 이 모든 것이 한바탕 꿈이 아닌가.

우리는 모두 이 한바탕 꿈을 꾸러 왔고, 꿈을 꾼 다음에는 본래의 자리로 귀향하는 거였다. 우주의 관점에서 볼 땐 우리의 삶은 한순간에 지나지 않는, 바람에 흩날리는 검불일 터이다.

하지만 이 세상은 우리가 스스로 선택하여 온 것이 아니었던가. 현실을 직시하며 내면의 소리에 귀 기울이고 그 소리에 따르면서 힘든 시기 또한 버텨나가야 하는 게 우리의 삶이었다.

지나치게 슬퍼하고 세상을 원망하며 자신을 힘들게 하지도 말자.

꿈을 꾸면서 경험한 소중한 얼굴들과 아름다운 순간들은 우리의 기억 속에 가슴 깊숙이 간직되어 영원히 사라지지 않을 터이다.

"우리의 삶에 진정한 목표가 있다면 그것은 삶을 경험하는 것, 고통과 기쁨 모두를 경험하는 것이다"라고 비교신화학자 조지프 켐벨은 말했다. 짧으면 짧은 대로, 길면 긴 대로, 주어진 운명을 담담하게 수용하며 지금, 여기에서 즐겁게 한바탕 살다가 귀향하는 것이다.

꽉 막혀있던 가슴이 살짝 시원해졌다.

내면의 순수한 의식은 호수처럼 잔잔해진다.
고개를 들어 먼 산을 본다.

검은 먹물로 화면을 꽉 채운 수묵화 속
하늘과 땅의 아득한 경계에
불씨 하나가 아슴푸레 피어난다.
좁쌀만 한 것이 살포시 부풀어 오르며
주위를 서서히 물들인다.

마침내 불덩이는 불끈 솟아
온 세상을 밝게 환하게 비출 것이다.
이 세상 모든 생명의 마음까지도.

진정성이란

하루에도 여러 번 글을 주고받게 된다.

문자를 보내고 받는 일이 일상이 돼버렸다. 글을 쓸 때는 사회에서 으레 요구하는 '도덕'이나 '상식'의 틀에 얽매이지 않으려 한다. 가능한 한 가식적인 미소나 상투적인 말투, 진정성 없는 말은 하지 않으려고 하는 것이다.

어릴 적부터 우리는 집이나 학교에서 "사람은 '반드시' ○○○ 해야 한다, '절대' △△△ 하면 안 된다"는 것을 배워왔고 그게 당연한 듯 습관적으로 말하고 행동해 왔다. TV 토크 쇼에서나 유튜브 영상에서도 한결같이 그렇게 판에 박힌 말들을 쏟아낸다. 나 역시 고의든 아니든, 나의 진실한 모습은 감춘 채, 상황과 역할에 따른 페르소나를 연출하곤 한다.

그래서 작가 프리모 레비는 "흰 페이지는 희다. 그리고 그것을 희다고 말하는 것이 최선이다. 만일 왕이 벌거벗었다면 벌거벗었다고 말하는 것이 정직하다"라며 우리가 한 말이나 행동에 대해 책임져야 한다고 꼬집어 말하지 않았을까. 진정성이란 자유와 책임을 긍정하는 행동을 끊임없이 선택해야 하는 임무이며 자기기만에 빠져들지 않도록 부단히 저항하는 몸짓이다.

사회의 보편적인 상식이나 형식적 틀에 휩쓸리지 않고 두 눈을 똑바로 뜨고 불편한 현실을 직시하며 내 말을 하고 싶다. 어떤 상황에서도 '반드시'나 '절대'처럼 날 선 단어들이 필요 없는 세상에서 살고 싶다.

우리는 저항할 수 없는 권력이나 권위, 사회적 지위를 이용한 무례한 말이나 훈계조의 잔소리로 인해 상처받고 고통받는 사람들을 주위에서 보곤 한다. 또 우리 자신이 때때로 자기도 모르게 상대방을 차별하고, 혐오하고, 색안경을 끼고 보며 정신적 폭력을 휘두르거나 상대에게 불편하고 부당한 요구를 강요하기도 한다. 나 역시 익명의 폭력 행사자 중 하나일 수 있다고 생각하니 자괴감이 든다.

얼마 전에 이런 일이 있었다.

친구와 어떤 주제에 대해 대화를 하다가 나도 모르게 살짝 흥분하여 서로 언어폭력을 퍼붓고 말았다. 결국 내가 먼저 사과하여 봉합은 되었지만, 상처는 쉬 아물지 않았다. 친구 역시 실수를 인정하였고 그 일로 잠을 설쳤다는 고백을 들은 적이 있다.

누구나 실수할 수 있다. 중요한 것은 너무 늦지 않게 진정성 있는 사과를 하는 것이고, 이 일에는 무엇보다 용기가 필요함도 절실히 깨달았다.

한편으로 이런 생각도 해본다.

> 미안하다는 생각이 진정으로 마음으로부터 우러나올 때는 정작 미안하다는 말이 쉽게 입 바깥으로 나오지 않을 듯싶다. 진정으로 미안할 때는 할 말을 잃고 멀찌감치 오랫동안 가슴으로만 미안해하지 않을까? 겉치레로 하는 가식적인 수백 마디 말보다는 꿀 먹은 벙어리가 되어버리는 것이다.

문득 〈러브스토리〉에 나오는 유명한 한 마디 대사가 떠오른다.

"사랑은 미안하다고 말하지 않아"
(Love means not ever having to say you're sorry.)

세상은 겉모습이나 태도만으로 많은 것을 판단하고 또 솔직하고 정직한 것만이 미덕이 아니라고 한다. 올곧은 소수의견을 내는 사람은 자신도 모르는 사이에 튀는 행동으로 반항하는, 반사회적 인간이 되어버리기도 한다.

설사 절친이라 하더라도 만나서 내 속에 있는, 드러내기 껄끄러운 얘기들을 진솔하게 나누기가 쉽지 않다. 친구와의 대화에서 이런 내밀한 얘기들을 제대로 꺼내지 못한다면 과연 진정한 친구라고 할 수 있을까? 나는 과연 이런 얘기들을 서슴없이 꺼낼 수 있는 친구가 몇이나 될까?

선뜻 손가락이 굽혀지지 않는다. 그래서 누군가 이렇게 말하지 않았을까. "나의 페르소나를 거두고 한 인간으로서 발가벗은 몸을 있는 그대로 보여줄 수 있는 친구가 한 명이라도 있으면 괜찮은 삶이다"라고.

주위의 시선을 의식하여, 사회의 틀에 갇혀 자신에게 솔직하지 못한 '나의 그림자'를 본다. 나만의 감추고 있는 얘기들이 저마다 적어도 한두 개는 있을 터인데 우리는 왜 꼭꼭 감추고 있어야만 하는가.
이 아이들은 언제까지 저 어두운 지하실 한구석에서 쪼그리고 앉아 울어야만 하나? 바깥 환한 세상에 나와 환하게 웃게 할 순 없을까?
얼마 전에 읽었던 책에서 저자는 말한다.

> 그저 나에게 화두인 이슈를 포장하지 않고 표현하는 거다. 나누고 싶어서, 나눠야 살 것 같아서. 그저 소매 밑에 매달린 먼지를 떼듯, 그것을 입 밖에 꺼낼 뿐이다. 그럼 다른 누군가가 입을 떼고 그 목소리가 또 다른 이야기를 부른다. 그렇게 우리는 함께 해방하는 감각을 배운다. (중략) 그리고 내 해방이 당신과 어떻게 연결되어 있는지 배운다. 당신이 입을 떼는 순간에.
> (출처: 홍승은, 《숨은 말 찾기》, 위즈덤하우스, 2022)

그렇다!
꺼내지 않고 맛볼 수 있는 해방은 없다.

나의 어두운 그림자를 환한 태양 아래 드러내어 해방의 기쁨을 만끽하기 위해서는 나부터 용기를 내서 진정성으로 꺼내야 한다.

이것이야말로 진정 나를 사랑하는 것이다. 나의 사랑의 강물은 상대방에게 흘러 들어가 궁극에는 온 세상을 환하게 밝히는 초석이 될 것이다.

우리는 모두 하나로 연결되어 있으니까.

오직 한 번의 경험

어뚝새벽 잠에서 깼다. 자연의 요청도 없었는데.
눈이 번쩍 뜨였다. 의도하지도 않았는데.
의식은 또렷하다.

한 가닥 글귀가 열리니 또 한 가닥 따라 들어오고
머릿속은 글신 맞기에 분주하다.
침대 옆 핸드폰을 집어 들고 메모를 시작한다.
글신이 부르는 대로, 한 자라도 놓칠세라
잠에서 덜 깬 손가락은 정신없이 따라간다.

지금 현실의 삶은 기적이요, 신이다.
현실은 과거의 한 점 오류 없는 결과물이요
경험할 미래의 마중물이니
지금 할 단 한 가지가 있다면
현실을 진정성으로 살아가는 것.

진정성이란
지금의 선택에 최선을 다하고

주어진 결과를 오롯이 수용하고 책임지는 것.
과거 한 점 아쉬움도 후회도
다가올 미래 한 조각 두려움도 바람도 없이.

우리는 모두
세상을 경험해 보기 위해 온
우주의 형제들.

삶 속의 모든 경험은
내가 자유롭게 선택하고 책임지는,
시비, 선악, 일체의 분별을 떠난,
나만의 창조적 예술품.

온몸의 감각을 열고
내가 선택한 삶을
기꺼이 감사하며 즐긴다.
또다시 반복할 수 없는
오직 한 번의 경험이기에.

문득 하늘을 쳐다본다.
몽실몽실 피어오르는 흰 구름,
떡갈나무 초리 끝 고추잠자리 한 마리
바람의 노래에 춤을 춘다.

장애인은 천사다

얼마 전 유튜브에서 평소 즐겨보는 '무의식연구소'에서 제작한 최면 상담 영상 중 인상 깊은 장면을 봤다. 내담자는 중증 발달장애 아들을 둔 엄마였는데 너무나 충격적인 내용이기에 온종일 머릿속에서 떠나질 않는다.

최면을 통해서 엄마가 소통이 거의 불가능한 아들에게 안타까움을 드러내며 "엄마는 네가 말을 좀 해서 너의 뜻을 속 시원하게 알았으면 좋겠어(아이의 지능은 3살짜리 어린아이 수준이라고 함). 그게 나한테는 제일 힘들어"라고 말하니 아들의 영혼이 내담자의 입을 빌려서 응답한다.

"어머님! 걱정하지 마세요. 저는 제 운명을 결정하고 제 삶을 살러 온 거예요. (중략) 엄마는 저의 삶에 너무 신경 쓰지 마세요. 저는 주위에 항상 저를 도와주는 존재들이 많아서 이들이 저를 도와주고 이끌어주기 때문에 저는 안전하답니다. (중략) 내가 엄마의 (영혼의) 성장을 돕기 위해 (이 세상에) 왔는데 엄마는 그걸 고통으로 생각하고 있으니 답답해요."

최면 현장을 생생하게 녹취한 파일을 듣고 있던 나는 놀라지 않을 수 없었다. 이전에도 에드가 케이시나 마이클 싱어, 마이클 뉴턴 등 영성가들의 책에서 태어나기 전에 미리 계획하고 세상에 온다는 글을 여러 번 읽은 적은 있었지만, 실제 최면 음성으로 듣고 보니 소름이 돋는다.

아들은 자신에게 매달려 걱정하는 엄마를 보면서 "서로가 각자의 삶이 있으니 엄마는 책임지려고 힘들어하지 말고, 엄마만 즐겁게 살면 된다"라며 오히려 엄마를 염려한다.

이어서 최면 상담사가 아들의 영혼에게 "장애를 가진 아이를 키우는 부모들에게 전하고 싶은 말이 있느냐?"라고 묻는다. 이에 놀랍고 감동적인 메시지를 전해온다.

"그 부모님들은 천사를 키우고 있는 겁니다. 하지만 그들이 천사인 줄 모르는 거죠. (중략) 장애 아이들은 전생의 카르마(업)로 인해 이런 몸을 받고 태어난 게 아니어요. 본인의 삶을 완성하기 위해 힘든 삶을 일부러 선택하여 온 것입니다. 그러니 장애 아이의 부모들은 아이의 장애를 고통으로만 여기지 말고, 천사로구나 생각하고 자기

수양을 해서 즐겁게 받아들여야 해요."

문득 13세기 이슬람 신비주의 수피 시인인 '잘랄루딘 루미'가 '상처는 빛이 당신 안으로 들어가는 곳'이라고 한 말이 가슴에 와닿는다. 비단 장애인뿐 아니라 인간은 누구나 상처를 안고 산다. 이러한 상처들을 단지 고통으로만 생각하지 말고 우주가 나의 영혼의 성장을 위한 계획이자 배려임을 믿게 된다면 즐거운 마음으로 기꺼이 받아들일 수 있게 되지 않을까?

계속 이어지는 아들 영혼의 메시지가 예사롭지 않다.
또 살아가면서 어려움을 겪는 사람들에게 하고 싶은 얘기가 있냐고 최면 상담사가 묻는 말에 이렇게 응답한다.

"우리는 누구나 모두 각자 수호신이 있어요. 그러니 수호신의 존재를 의심하지 말고 힘들 때나 도움이 필요할 때는 그분을 믿고 도움을 청하도록 하세요. 그러면 도움의 손길을 내밀어 줍니다. (중략) 종교가 있든, 없든 마음의 문을 열고 수호신의 힘을 빌리면 됩니다. (중략) 자신이 불행하다고 생각하는 것은 수호신과 소통을 못해 수호신의 힘을 받지 못했기 때문입니다."

사실 나 역시 수호신의 존재에 대해 확신하지 못하였다. 나의 주변에 늘 우주의 사랑의 에너지가 흐른다는 것을 감지하지 못하는 것이다. 때때로 기적이라는 색다른 체험을 통해서 어렴풋이나마 짐작할 뿐이었다.

그렇다! 일단 믿어야 한다.

조건 없는 믿음으로 긍정적 에너지를 온몸으로 느껴보고 싶다. 얼마 전 책을 읽고 감명을 받아 적어놓았던 글을 다시 천천히 읊어본다.

> 우주에는 긍정적인 에너지가 충만하다. 그 강력한 에너지와 연결되면 우리는 자석이 되어 더 많은 에너지를 받아들일 수 있다. 마음이 혼란하고 기쁨이 사라질 때마다 우주는 즉시 길을 보여준다. 그 무엇을 보고자 하더라도 우리에게는 그 비전과 연결될 힘이 있다. 이렇게 생생한 에너지와 조율되어 있으면 우주는 긍정적인 방식으로 우리를 지지해 준다.
> (출처: 가브리엘 번스타인, 《우주에는 기적의 에너지가 있다》, 서영조·원성완 역, 티치아트, 2018)

며칠 후면 장애를 가진 두 청년의 취업을 돕기 위한 직무지도 일을 3주간 하게 될 터이다. 만나게 될 그들을 떠올려본다.

어떤 젊은이일까? 아니, 어떤 천사일까?

힘들고 어려울 걸 알면서도 영혼의 성장을 위하여 기꺼이 장애를 지니고 이 세상에 나오게 된 이 청년들이 궁금하다.

이들을 보는 눈길도 분명 예전과는 다를 것 같다,
아마도 천사로부터 한 수 배우겠다는 마음이 아닐까?
마음이 설렌다.

우리는 하나

나와 너
거실 고무나무
그리고 옆집 푸들 강아지도

저 멀리 모락산 푸나무들
더불어 사는 벌과 나비, 곤줄박이
그리고 이름 모를 곤충, 땅속 벌레들도

몸속 장기들
그 속에 사는 박테리아
그리고 바이러스도

해와 달
저 하늘의 별들
그리고 우주에 떠도는 무수한 원소들까지

이 모든 중생은
더불어 살아가는

우주의 한 가족

내가 네가 되고
내 것과 네 것이 따로 없는
무경계의 우리는
하나

우주와 놀다

나는 산책하면서 자주 게임을 하며 논다.

오지 않은 미래를 예견하는 게임이다. 이 게임은 맞으면 즐겁고, 틀려도 전혀 불이익이나 스트레스가 없는 놀이다.

예를 들면 이런 것이다.

산책하면서 어느 지점까지 가는 데 몇 걸음이나 될까를 예상해 본다. 주로 100걸음 단위로 예측하는데 자주 하다 보니 처음 시도해 보는 코스임에도 적중할 때가 더러 있어 기쁨이 쏠쏠하다.

또 이런 놀이도 있다.

길거리에서 우연히 보게 되는 차량 번호판의 숫자를 조합해 보는 것이다. 주로 6~7자의 숫자를 나만의 다양한 조합 원칙을 적용하여 해석을 한다. 보통 하루 3~4개의 번호판을 보고 판단을 하게 되는데 외출 시에는 7~8개, 많으면 10여 개의 번호판으로 판단하기도 한다.

이 밖에도 주역의 괘를 연상하거나 우연히 눈에 띄는 상징물로 그날의 운을 예측해 보고 결과를 평가해 보기도 한다. 이 게임은 승자만 있고 패자는 없기에 재밌기만 하다. 즉, 걸음 숫자 맞추기 게임에서 맞히거나, 차량 번호판 숫자 조합에서 땡 이상 또는 주역의 좋은 괘가 나오면 기쁘고, 아니더라도 나쁘다고 생각하지 않고 이게 정상이라고 생각하기 때문이다.

　몇 해 전만 하더라도 내가 예측한 것이 틀리거나 번호판 숫자 서열이 낮으면 기분이 좋지 않았다. 이것은 내가 이 행위를 게임으로서가 아니라 그날의 운을 점치는 것으로 생각했기 때문이었다. 드러나는 숫자나 상징에 과도하게 의미를 부여하였고, 급기야는 숫자에 집착하여 긴장하게 되어 스트레스로 작용하였다. 그러던 것이 영성의 작은 깨달음으로 나만의 믿음이 자리를 잡아가면서 이러한 생각에 균열이 오게 된 것이다.

　그동안 영적 멘토들로부터 배운 나의 믿음은 이것이다.

> 　우주가 나의 영혼의 성장을 지지해 준다는 것을 믿고, 그 사랑의 우주에 나를 내맡기면 우주는 다양한 방식으로 나를 돕는다. 세상은 배움의 장이며, 삶의 매 순간은 나의 영적 성장을 위한 신성한 만남이다. 특히 시련은 기꺼이 열린 마음으로 수용한다면, 나의 성장에 있어서 불쏘시개 역할을 하는 소중한 기회가 될 수 있다. 우주가 나를 통해 드러나도록 허용한다면, 나는 우주와 연결되어 기적을 경험할 수도 있다. (여기서 '우주'라는 말은 신이나 참나, 주인공, 하느님, 진리, 순수의식 등으로 대체할 수 있다)

우주는 나에게 다양한 채널로 메시지를 보내고 있다.

우주는 우리에게 꿈이나 상징물, 동시성 또는 우연을 가장한 것들을 통하여 쉴 새 없이 신호를 전해주고 있다. 하지만 깨어있는 극히 일부를 제외한 대부분 사람은 제한된 일부 신호만 인식할 뿐, 대부분의 신호는 묻혀 지나쳐버리고 만다.

나는 우주가 진정 나를 보살피고 있음을 자각하고 우주가 보내주는 애정 어린 신호를 감지하려고 한다. 신호가 감지되면 우주에 기쁨의 감사를 보낸다. 설사 우주의 신호를 감지하지 못한들 불평하지 않는다. 그 책임은 오로지 나에게 있으므로 불평할 이유가 없는 것이다.

이런 연유로 나는 우주의 신호를 감지하는 게임을 즐거운 마음으로 하기로 했다. 산책하면서, 혹은 외출하거나 서울 둘레길을 걸어가면서, 어디를 가더라도 부담 없이 나만이 즐길 수 있는 게임이다.

문득 요한 하위징아가 인간의 속성을 유희에 두고 얘기한 호모 루덴스(Homo Ludens, 유희의 인간)라는 용어가 떠오른다.

그는 인류의 문화를 놀이적 관점에서 고찰하였다. 인간의 중요한 원형적 행위들은 처음부터 놀이의 요소가 가미되어 있으며, 언어나 의례, 종교 등에서 놀이의 흔적들을 찾아볼 수 있는 다양한 사례를 제시하였다.

한편 놀이는 삶의 축소판이라는 책도 있다.

> 놀이는 성공과 실패, 경쟁과 협동, 배려, 몰입 등의 행위를 통하여 삶에 끈기와 인내심, 자신감을 제공하는 공부가 되기도 한다. 어린 시절 놀이를 제대로 경험하지 못한 사람들은 사회성과 자존감, 질

서 의식을 온전히 형성하지 못해 사회 부적응자가 되기도 한다는 연구 보고서(정신과 전문의 스튜어트 브라운 박사의 논문)도 있다. 또한 놀이 부족은 수면 부족만큼이나 뇌 건강에도 치명적이다. 답이 없는 문제에서 자신만의 방식으로 답을 찾아가는 힘이 모자라기 때문이다.
(출처: 임지은,《내 아이의 첫 미래 교육》, 미디어숲, 2021)

놀이는 나에게도 일상에서 빼놓을 수 없는, 즐거움을 선사하는 생활의 활력소이다. 부담 없고 스트레스가 없는, 우주와의 게임을 즐길 뿐이다.

벌레를 사랑하는 마음

　점심을 먹고 산책길에 나섰다.
　평소 걷던 천변 코스를 바꿔서 모락산 둘레길을 걷기로 했다. 늦은 여름이라 습도가 높아 후덥지근한 날씨에 천천히 발걸음을 옮겼다. 산등성이를 올라가는데 등에선 땀이 송송 배어 나왔다.
　한참을 올라가다 보니 문득 뭔가 예전과 다르다는 느낌이 들었다. 허전했다. 웬일일까, 생각해 보니 하루살이나 작은 곤충들이 나를 반기지 않았다.
　지금 이맘때 예전 같으면 쉴 새 없이 앵앵거리며 나를 귀찮게 따라왔고 나는 이들을 쫓기 위해 팔을 연신 휘두르며 가야 했었다. 그런데 오늘은 이들이 전혀 보이지 않는다. 왠지 아이들의 앵앵거리는 소리가 그립고 또 이들이 보고 싶어졌다.
　이전에 등산하며 쓴 시가 떠오른다. 산에 올라가는 내내 따라와 얼굴 앞에서 얼쩡거리는 그 아이들을 내 '동행 파트너'라고 너스레를 떨었던 시다.

지금 이 아이들은 다 어디로 가버린 것일까?

얼마 전에 읽었던 책에서 곤충학자인 저자는 곤충이 점점 줄어드는 이유를 이렇게 설명했다.

> 주원인은 '지구온난화'로 종 다양성이 떨어지고 도시 생태계가 균형을 잃었기 때문이다. 생태계에 유기적으로 먹이사슬이 형성되어야 하는데 현재 도시는 난개발과 사람의 지나친 간섭으로 환경변화에 취약한 종들이 대량 사라졌다. 또한 사람들이 식물을 보호하려고 식물을 먹는 곤충을 퇴치하기 위해 살충제를 뿌려 곤충과 거미 같은 수많은 생물이 사라지니 상위 포식자인 개구리나 새도 점점 도시를 떠나는 악순환이 이어진다.
> (출처: 정부희,《벌레를 사랑하는 기분》, 동녘, 2022)

작가의 벌레에 대한 연민의 눈길과 따뜻한 마음에 이끌려 나도 모르게 책 속에 흠뻑 빠져 이틀 동안 작가와 함께 행복한 시간을 가졌던 기억이 새롭다.

작가인 정부희 박사는 색다른 이력을 가진 곤충학자다.

두 아들을 둔 여성으로서 나이 사십이 넘어 느지막이 곤충을 사랑하는 순수한 열정 하나만으로 공부를 하러 대학원의 문을 두드린 사람이다. 자신이 좋아하고 진정으로 하고 싶은 일을 찾아서 평탄치 않은 먼 길을 걸어간 용기에 감동하지 않을 수 없었다.

　무엇보다도 인상 깊었던 것은 벌레에 대한 그의 편견 없는 순수한 감수성이다. 일부 세상 사람들의 곤충에 대한 편협한 시각을 그는 이렇게 꼬집는다.

> 곤충에 대한 혐오감은 학습된 편견일 수 있다. 한국 사람들은 곤충을 보면 없애야 하는 존재라고 생각한다. 청년기를 거치면서 기성세대의 곤충에 대한 혐오감이 어린이들에게도 사회화된다. (중략) 곤충을 익충과 해충으로 나누는 것도 인간의 (이기적) 관점에서 비롯되었다.
> (출처: 정부희,《벌레를 사랑하는 기분》, 동녘, 2022)

　그는 새벽형 인간이라 새벽 4시면 저절로 눈이 떠지는데 동트기 전의 시간은 신기(神氣)에 가까운 맑은 기운을 선물 받는다고 했다. 그는 이 좋은 기운으로 채집한 곤충들을 책상 위로 불러내 그들과 조곤조곤 대화를 나누곤 하는데 대화를 글로 옮길 때는 그저 행복하였고 글이 잘 쓰일 때는 자신이 곤충에 빙의된 것 같은 느낌이 들기도 했다고 한다.

　또한 그는 곤충들이 자신이 먹을 양만 먹고 남의 음식을 절대 탐하지 않고, 훔치지 않는 데에서 진정한 무소유의 삶도 배웠다고 했다. 나 역시 요령 피울 줄 모르고 그저 주어진 현실에 만족하는, 욕심부리지 않는 곤충의 삶에서 한 수 배웠다.

　나는 책에서 한 가지 새로운 사실을 알게 되었는데 그건 애벌레에 관한 것이다. 곤충은 발달과정은 알 → 애벌레(번데기) → 어른벌레 이렇게 단계적으로 성장하게 되는데 애벌레 단계에서의 주 역할은 어른벌레 시기에 쓸 에너지를 비축하기 위하여 먹고 성장하는 일이다. 그래서 모든 애벌레는 알에서 깨어나자마자 탐욕스러울 만큼 쉼 없이 먹는다고 한다.

그런데 어른벌레는 고작 10일~15일 정도밖에 못 살지만, 애벌레는 길게는 17년(매미의 경우)을 산다고 한다. 북미에 사는 17년 주기 매미는 애벌레가 땅속에서 17년 동안 뿌리 즙을 먹다가 땅 밖으로 나와 성충이 되어 길어야 보름을 살면서 짝짓기를 한 후 알을 낳고 죽는다(한국 매미는 애벌레가 짧게는 1년, 길게는 5년 땅속에 산다).

어떻게 애벌레가 성충보다 훨씬 오래 살게 될까?

도무지 이해되지 않았다. 아마도 곤충은 성충이 되어 번식이라는 큰 임무를 잘 수행하기 위해서 애벌레 시절에 잘 먹어서 기초 체력을 튼튼히 하기 위해서인가? 그렇다면 성충의 유일한 임무는 짝짓기하여 자손을 번식하는 일뿐인가? 어쩌면 오랜 기간 진화과정을 통해 DNA에 간직된 곤충의 원초적인 종족 보존의 비결일지도 모른다.

반면에 인간은 이들 곤충과는 다른 세계를 살아가는 독특한 존재다. 단지 번식만을 위해 살아가는 건 아니다.

언젠가 책에서 읽었던 내용인데, 이시하라 신타로(도쿄도지사를 지낸 일본 극우 보수파 정치인)가 "생식을 끝낸 아줌마가 살아가는 것은 의미 없는 일"이라고 한 망언이 떠오른다. 인간을 목적이 아닌 도구적 수단으로만 생각하고 인간 존엄성을 망각한 편협한 망언이 아닐 수 없다. 인간과 곤충은 각자 타고난 본성에 따라 제 갈 길을 걸어갈 뿐이다.

  곤충이 지구에 처음 출현한 건 약 4억 년 전이고, 현생인류는 약 4만 년 전이니 곤충은 인간보다 지구에 먼저 온 대선배 격인 셈이다. 그러니 인간은 겸허한 자세로 선배의 삶을 잘 관찰하며 배울 점이 있으면 서슴없이 배우며 곤충과 조화롭게 공존하여야 할 터이다. "꿀벌이 멸종되면 몇 년 안에 인류도 멸종한다"라고 학자들은 말하고 있지 않은가?
  그래서 정 박사는 책에서 "곤충을 바라보는 시선은 마음먹기에 달려 있다"라고 하면서 잘만하면 작은 거인인 곤충으로부터 경이로움이라는 깜짝 선물을 받을 수 있다고 한 게 아닐까?

  아는 만큼 보이고 보이는 만큼 사랑하게 된다고 했던가.
  앞으로 곤충을 더욱 사랑하게 될 것 같다.

또 하나의 죽음

형님 댁 반려견 '보리'가 무지개다리를 건넜다.

반려동물 장례업체에서 보내온 사진과 함께, 화장 후 유골은 나무에 잘 뿌려주었다고 전해왔다.

평온하던 저녁은 깨지고 애도의 시간으로 바뀠다.

침대 모서리 끝에 조용히 앉아서 보리와의 추억을 회상했다.

'개는 자기 자신보다 당신을 더 사랑하는, 이 세상의 유일한 생명체'라고 한 누군가의 말이 거짓이 아니었다. 큰집에 갈 때마다 누구보다 먼저 알고 문 앞에서 반겨주던, 초롱초롱한 눈망울에 까맣고 날씬한 꼬리가 떨어져 나갈 듯 흔들어대던 그였다. 어떤 숨은 의도도 없이, 아무런 대가도 바라지 않고, 상대에 대한 순수한 애정을 있는 그대로 보여주었다. 나는 그의 절대적 사랑과 무한신뢰를 보면서 '조건 없는 사랑'이 무언지, '온전한 사랑'이 어떤 것인지 비로소 배울 수 있었다.

그의 사진을 보고 있으려니 한 차례 슬픔이 밀려온다.

나이 들어 문득문득 죽음을 생각하곤 하지만 이 죽음은 결이 다르다. 가까운 친구의 죽음을 곁에서 본 경험은 이번이 처음이기 때문이다. 슬픔에 온몸을 푹 담그고 마음껏 슬픔을 느끼고 싶었다. 심리학자들은 이러한 슬픔과 그리움은 모두 애도 과정에서 느끼는 정상적인 감정이고 건강한 이별을 위해 필수적인 요소라고 한다.

문득 보리와 함께 지낸 형님과 형수님의 슬픔은 오죽할까, 하는 생각이 들었다. 정신을 차리고 형님에게 위로의 메시지를 띄웠다.

> 아아~
> 보리가 귀향했군요.
> 큰집에 갈 때마다 보리가 있어 웃을 수 있었고 즐거웠는데.
> 심심한 위로의 말씀을 드립니다.
> 우리도 때가 되면 이렇게 귀향하게 되겠죠.
> 너무 슬퍼하지 마시고 갈 때까지는 지금, 여기를 즐기며 후회 없는 삶을 살아야지요.
> 수고 많으셨습니다.

메시지를 보내고 나중에 생각해 보니 '너무 슬퍼하지 말고 현재를 즐기며 후회 없는 삶을 살자'라는 말은 형님의 슬픈 감정을 충분히 헤아리지 못한, 너무 냉랭한 말인 듯싶었다. 형님이 어서 이 슬픔에서 벗어났으면 하는 바람에서 이렇게 말했는데 나중에 책에서 정신

분석가들의 말을 들어보니 일종의 '방어심리' 같은 것이었다.

영국의 소아과 의사이자 정신분석가인 도널드 위니코트(Donald Winnicott)의 말을 경청해 본다.

> 위니코트는 현대인의 '조적(躁的) 방어'(정신분석용어)에 대해서 비판한 적이 있다. 이는 우리를 괴롭히는 어두운 감정을 정반대인 밝은 감정으로 덮어버리려는 시도를 의미한다. 예를 들어 '쿨한 척'하는 것이 전형적인 조적 방어이다. (중략) 우리가 죽음을 부인하는 건 결국 사랑하는 마음조차 포기하는 일이라는 뜻이다.
> (출처: 이학범,《반려동물과 이별한 사람을 위한 책》, 포르체, 2021)

그렇다!

깊은 슬픔과 애도는 사랑의 필수적인 과정이다.

글 쓰는 수의사인 저자는 죽음이라는 현실에 부딪혔을 때 고통이라는 무거운 감정으로부터 도망치고 싶지만 죽음을 정면으로 직면해야 한다고 조언한다. 이 고통을 회피한다면 그 존재와 함께했던 삶조차 부정하게 되는 것이었다.

그리고 슬픔을 위로할 때는 상대의 슬픔을 충분히 존중해 주고 그 괴로움에 공감하면서 언제든 마음을 기댈 수 있도록 곁에 있어 줘야 한다고 속삭인다. "우리는 다른 사람이 함께 있을 때만 진심으로 애도할 수 있다"라는 볼비(애착이론 창시자)의 말을 인용하면서.

시간이 되는 대로, 가능한 한 빨리 형님께 찾아가서 함께 곁에서 애도의 시간을 갖고 싶다. 아무 말 하지 않고, 어떤 희망적인 말도 애써 만들지 말고, 곁에서 함께 조용히.

아마도 하늘에서 보리가 미소 지으며 우리를 내려다볼 것만 같다.

글을 마치며

모처럼 볼 일이 있어 시내에 나갔습니다.

회사 고객 대기실에서 차례를 기다리던 중 무료해서 책장에 꽂힌 책들을 구경하다가 눈이 번쩍 뜨였죠. 내가 좋아하는 에크하르트 톨레(Eckhart Tolle)의 책이 거기 꽂혀있었습니다. 우리나라에서 류시화 씨가 번역하여 《삶으로 다시 떠오르기》라는 제목으로 펴낸, 그 책의 원서였죠. 출판된 지 15년이나 되어 낡고 손때가 묻은 걸 보니 누군가 기증한 책인 것 같았습니다. 반가웠어요.

이 책은 번역서가 나온 2013년에 두 번, 그리고 2019년과 2021년에 한 번씩 모두 4번을 봤던, 나에게는 소중하고 친숙한 책입니다. 여기에서 우연히 이 책의 원서를 접하게 되다니!

순간 이런 생각이 들었어요.

'이건 필시 이 책을 원서로 다시 한번 읽어보라고 하는 메시지인 게 틀림없어. 하늘이 주신 선물이니 시간이 걸리더라도 에크하르트 톨레의 언어로 꼼꼼하게 낭독하며 읽어봐야겠어!'

이렇게 생각하니 몇 차례 읽은 책인데도 읽을 때마다 책 속의 글이 새롭게 다가온 느낌을 받곤 했던 게 떠올랐습니다. 이번엔 또 어떻게 다가올까, 궁금합니다.

아무쪼록 이 책 속의 글 역시 읽을 때마다 새로운 느낌으로 독자의 마음에 와닿기를 바랍니다.